インフィニア株式会社CBO
「あっとほぉーむカフェ」レジェンドメイド
志賀 瞳
HITOMI SHIGA

叶えたい夢の見つけ方

春陽堂書店

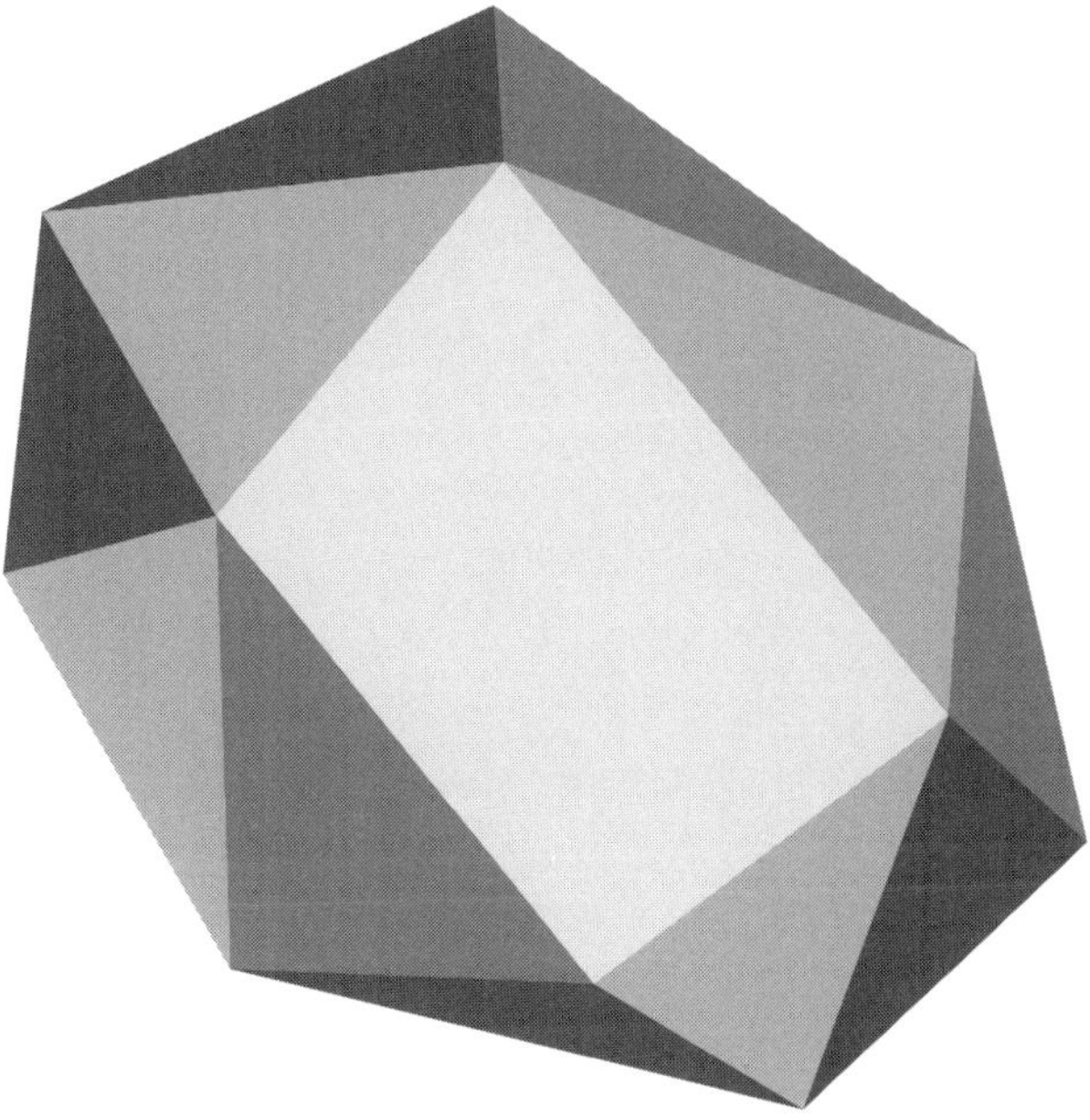

はじめに

叶えたい夢なんてない、どこにでもいる普通の女子高生だった

あなたがいま、夢中になって取り組んでいることは何ですか？
どうしても達成したい目標はありますか？
叶えたい夢はありますか？

そう聞かれて、即答するのはなかなか難しいですよね。以前の私もそうでした。けれど、いまははっきりと言えます。**私の夢は「メイドを文化にすること」です。**

まずはじめに自己紹介をさせてください。私の職業はメイドです。メイド名はｈｉｔｏｍｉで本名は志賀瞳。15年以上メイドをしています。メイドのキャリアをスタートしたのは、高校生の時。まずはアルバイトとして東京・秋葉原発の老舗メイドカフェ「あっとほぉーむ

カフェ」で働きはじめました。

あっとほぉーむカフェは「ご主人様とメイド」という世界観に基づいた接客を楽しむことができるエンターテイメントカフェで、通称「メイドカフェ」と呼ばれています。あっとほぉーむカフェは、秋葉原のドン・キホーテビル内に2004年8月にオープンしました。2020年現在、秋葉原に6店舗、大阪に2店舗を構え、総勢400名もの個性的なメイドたちが在籍しており、ユーモアあふれる会話が楽しめるようになっています。

2005年には、メイドユニット「完全メイド宣言」の一員として、「萌え〜」でユーキャン新語・流行語大賞のトップテン受賞。そして2017年からは秋葉原観光親善大使に就任。あっとほぉーむカフェ運営会社であるインフィニア株式会社の取締役社長を経て、現在はCBO（Chief Branding Officer／ブランド責任者）として、国内外へ向けメイド文化を発信しています。また、2019年6月には念願だったNHKの番組『プロフェッショナル 仕事の流儀』への出演も果たしました。

この経歴をもって、カリスマメイド、レジェンドメイド……と呼ばれることが多いのですが、メイド歴16年目となったいまでも不思議な気持ちになります。

確かに、常に目の前のことに全力で、真剣に取り組んできたので、実績を積み重ねてきた自負はあります。けれど、周囲から投げかけられる「h・i・t・o・m・iさんだからできたんだよ」「特別な才能があったからここまで来れたんだよ」という言葉にずっと違和感を覚えていました。

なぜなら、謙遜でもなんでもなく、**私は至って普通の人間だった**からです。

はじめから「メイドを文化にする」というような大それた夢は持っていませんでした。

千葉県に生まれ、会社員の父とパート勤めの母、そして弟の4人暮らし。家が東京ディズニーランドの近くでしょっちゅう遊びに行っていたこともあり、将来の夢は「ミッキーマウスになること」でした。

性格はとにかく自由で明るくて元気一杯。ただ、内気な性格だったため家族の前ではお調子者キャラでしたが、小学校では引っ込み思案でした。中学生になると、仲が良い友達がいるからという理由でテニス部に入りますが、特にテニスに夢中になることもなく、人間関係に疲れて途中で退部。高校は偏差値と校則のゆるさなど自分で決めた基準で選び、当時はギャル全盛期だったこともあり私も例に漏れずギャルとして学校生活を満喫していました。
しかし、たまたまテレビで見かけたメイドカフェに**「なんだか面白そう」という好奇心だけで飛び込み人生が大きく動き出しました。**

自分が特別だからこの場所にたどり着けたというよりは、単純に運が良かったのだと思います。こんなに好きになれて、一生続けていきたいと思えるメイドの仕事に出会えたことは、本当に幸せです。

ただ、これまでは「運が良かっただけ」と片付けていましたが、それを深く考えることで、もしかしたら**「いまやりたいこと」や「夢」が見つからずに「もがいている人」のヒントになるのではないか**と思うようになったのです。

確かに、私もすごく成功している人を見ると「あの人は才能があるから、特別だからできたんだ」と思うこともあります。

だから、「私は普通だよ」と主張するよりも、**普通だと自覚している人がどうやって夢中になれる仕事や叶えたい夢を見つけることができるのかを伝えたい**と思ったのです。

この本では、夢中になれる仕事や叶えたい夢を見つけるために私が大事にしてきたことをお伝えしたいと思います。

CHAPTER1からCHAPTER3では、叶えたい夢を見つけるために実際におこなってきたことを、具体例を交えて詳しく説明しています。

CHAPTER4では、夢を叶いやすくするために私が普段から意識していることを「マイルール」としてまとめました。

そしてCHAPTER5では、「メイドを文化にする」という夢を叶えるために、まさにいま取り組んでいることを書きました。

メイドの仕事に関する話題が主ですが、**あらゆる職業にも活かせる内容**になっていると思います。

本書を読んで、あなたが叶えたい夢に出会えてくれたら、こんなに嬉しいことはありません。

目次

はじめに 003

CHAPTER ① ― 根拠のない自信を持つ

1 「普通」を抜け出すために必要なもの 014
2 素の「自分」をさらけ出す 017
3 小さな成功体験を大事にする 022
4 信念は曲げない 025
5 決定権はすべて自分 029
6 他人の批判は鵜呑みにしない 033
7 将来に不安を感じるよりも、その瞬間を楽しみきる 036
8 自分に期待する 039

CHAPTER 2 健全な反発心を見つける

1 「偏見」にこそチャンスが眠っている 044
2 ギャルへの偏見 046
3 オタクへの偏見 051
4 メイドへの偏見 055
5 アキバへの偏見 062

CHAPTER 3 経験を掛け合わせる

1 経験を掛け合わせると、視野が広がる 068
2 「ギャル」と「メイド」 071
3 「エース」と「リーダー」 079

4 「サブカルチャー」と「伝統文化」 096
5 「日本」と「海外」 102

CHAPTER ④ 応援される人になる

1 〝応援され力〟を身につけるマイルール 110
2 仕事を全力で楽しむ 112
3 「知らないこと」を恥ずかしがらない 118
4 チャンスは全力で掴む 124
5 期待に応え続ける 127
6 つらい時はスイッチを切り替える 135
7 ものさしを押しつけない 139
8 一緒に働く仲間を大事にする 147
9 迷ったら、淋しさを選ぶ 151

CHAPTER 5 — 私が見つけた、叶えたい夢

1 メイドを文化にする 162
2 『プロフェッショナル 仕事の流儀』での結婚・出産の公表 164
3 「あっとほぉーむカフェ」を守り続ける 173
4 バーチャルメイドカフェ構想 179

おわりに 184

CHAPTER 1

―根拠のない自信を持つ

1

「普通」を抜け出すために必要なもの

人を笑顔にするのが大好きで、よく言えばムードメーカー、悪く言えばお調子者。高校生だった当時はギャル全盛期だったので、派手な髪色に派手なメイクとネイル、肌を焼いて制服は着崩す。放課後になると仲間と一緒に渋谷に繰り出して、勉強よりもオシャレと遊びに全力投球。飽きっぽくて、人に自慢できる特技もない。

でも、**とにかく毎日が楽しい。クラスに一人はいるような、どこをどう切り取っても普通の女子高生でした。**

そんな私を普通の女子高生からカリスマメイドｈｉｔｏｍｉにしてくれたのは、「根拠のない自信」だったように思います。私が普通から抜け出せた理由の一つは、この**根拠のない自信を大人になったいまに至るまでずっと持ち続けている**からです。

怖いものなんて何もなくて、将来の不安よりも目の前の楽しいことで頭がいっぱいで、自分は最強だし、未来はやけに明るくて、何にだってなれるという根拠のない自信。きっとそれは、10代の頃は誰もが持っていたと思います。

しかし、社会に出るとだんだんその自信が薄れていってしまう人がほとんどです。皆さんも身に覚えがありませんか？

未経験の分野の仕事を任された時に躊躇してしまったり、会議で「意見を否定されたくないから、発言はしないようにしよう」と消極的になってしまったり。

それはある意味、仕方がないことなのかもしれません。経験を積めば積むほど失敗するのが怖くなる気持ちはわかります。けれど、だからと言って挑戦せず、小さくまとまってしまえば可能性は狭まる一方です。そのような状況で夢を持とうと思っても難しいですよね。

この本で私が伝えたいのは、夢の見つけ方です。だからあえて言わせてください。失敗を恐れずに、むかし持っていたはずの根拠のない自信を取り戻してください。**根拠のない自信はあなたが何か新しいことにチャレンジする時の、自分の可能性をぐんと広げる時のお守りになります。**

ここでは、学生時代から大人になったいまに至るまで、根拠のない自信を持ち続けるために私が大事にしていることをお伝えしたいと思います。

2

素の「自分」をさらけ出す

幼い頃の私を表すと**「とにかく自由で明るくて元気な子」**。ただ、内気なところがあり、家族の前では芸人さんのモノマネをして笑わせたり陽気に踊ったりしていたのですが、人前では少しでも目立つことは絶対にしませんでした。遊園地のキャラクターショーで「ちびっこのみんなも踊ってね！」と呼びかけられても踊らず、むしろ親の陰に隠れたり、学校で先生が「この問題わかる人！」と言ったら手を挙げないどころか万が一にでも当てられないように俯いて縮こまったりしていました。

目立つことは苦手でしたが、当時の夢はディズニーランドによく遊びに行っていたこともあり「ミッキーマウスになる」だったので、人気者に対する憧れはあったのだと思います。

内気な性格は中学生になっても変わりませんでした。むしろ、**集団生活のなかで自分の個性を出したり意見を言ったりすることに抵抗を覚え、どんどん引っ込み思案になってしまったのです。**

当時テニス部に所属していた私は、とにかく目立つまいと常に周りに合わせていました。

みんなが持っているからと、興味のないキャラクターグッズやアクセサリーを身につけるなど、好きでもないものを「好き」と言っていました。仲間内で意見が食い違ったり、共感が得られなかったりするといじめに発展する気がして、とにかく自分の考えを押し殺していました。しかし、だんだんそのストレスに耐えられなくなり、結局退部することを選びました。部活を辞めたからと言って、すぐに素の自分で振る舞えるようになったわけではありません。極力目立たないように、周囲から浮かないようにと過ごしていました。

そんなある日、本来の私に戻る大きな出来事がありました。なんと母親がいきなり私の髪を茶色に染めたのです。多くの中学校がそうだと思うのですが、髪を染めることは校則で禁止されていました。それを無視して染めるのは不良くらいだったので、先生も「まさか志賀さんが……」と驚いていました。もちろんいくら親に染められましたと言っても信じてもらえませんでした。

染められた直後は「せっかく目立つまいと大人しく過ごしていたのに、髪なんて染めたら一気に目立ってしまう……」と不安でした。しかし、本来は楽しいことが大好きで、自由な性格の私は、髪を染めてみたいという願望を密かに抱いていました。きっと母親はそれを見抜いていたので、背中を押すために髪を染めてくれたのだと思います。**目立ってしまうという不安よりも、解放感**の方が勝りました。

髪色を明るくしてからはオシャレにも目覚めました。とはいえ、さすがに校則には逆らえず、数日後には黒に染め直すことになったのですが、それがきっかけで眉を整えたり、色付きリップを塗ったり、休日は母親の化粧品を借りてフルメイクをしたりしました。

また、徐々に自分の意見を言えるようにもなり、**素の自分をさらけ出すことに抵抗がなくなっていきました。**いつの間にか内気な性格という鎧もなくなり、高校に入学する頃には本来のとにかく自由で明るくて元気な性格を外でも出せるようになったのです。

いままで意見や好みを抑えながら過ごした中学時代とうって変わって、本来の自分で過ごせる高校時代は毎日本当に楽しくて仕方がありませんでした。高校は似たような価値観の人が集まっていたので、さらに自分の素を自然に出すことができました。

そのような環境で、私はだんだん学校でいかに目立つか？　を考えるようになりました。「ミッキーマウスになりたい」という夢、人気者に対する憧れは消えていなかったのです。

気づけば学年の中心的なグループに所属し、学校生活のほとんどの時間を仲良しグループの人たちと過ごすようになりました。中学生の時、テニス部に馴染めなかった経験から、集団行動に苦手意識があったのですが、じつは一人でいるよりみんなでいる方が好きなんだな、と気づいたのはこの時です。

素の自分をさらけ出せるようになると、どんどん本来の自分を発見することができます。自分の好みや得意不得意、価値観がはっきりしてくるのです。だから素の自分を知って、それをさらけ出すことが大事なのです。

3

小さな成功体験を大事にする

どんなに些細なことでもいいので、**自分のなかで頑張ったなと誇れるものを持っておくこと。**小さな成功体験を持つことは、いざという場面で自分を助けてくれます。

私にとってそれは「皆勤賞」でした。小学校一年生から中学三年生まで1日も休まず登校したことが、学生時代で唯一誇れることです。単純に両親が「すごいね！」と褒めてくれるのが嬉しくて休まずに通っていました。振り返ると、誰かに評価されることの喜びを知ったのはこの時だったと思います。部活も途中で辞めてしまったり、高校受験のために入った塾も半年で辞めてしまったりしたので、決して継続力があるタイプとは言えないのですが、皆勤賞だったという**小さな成功体験は「頑張れば継続することができるんだ」という自信につながりました。**

そしてこの「頑張れば継続することができるんだ」という自信は、のちに詳しく記述するあっとほぉーむカフェが営業継続を危ぶまれた数々の場面ですごく助けとなったのです。2008年の秋葉原無差別殺傷事件、2011年の東日本大震災、そして2020年日本での新型コロナウイルス（COVID-19）の感染拡大。これらの外的要因により何度も営業を継続するのは難しいかもしれないという局面に立たされました。

しかし、何が何でも営業を続ける、それは物理的にお店を開けるということでなくとも、なんらかの形で「あっとほぉーむカフェ」としてできることを続けるんだという思いで乗り越えてきました。新型コロナは本書を執筆しているいまもなお猛威を振るっているので、乗り越えようとしているまさに渦中なのですが、**今回も絶対に乗り越えられると信じています。**

そう強く思えているのは、学生時代、皆勤賞だったという小さな成功体験があるからこそなのです。他人からしたらそんな取るに足らないことが自信につながるのかと疑問に思うかもしれませんが、それでもいいんです。三徹したことがあるとか、運動が苦手なのにマラソンを10キロ完走できたとか、初心者なのにいきなり上級者向けの山に登れたとか、**「あの時頑張れたから、いまも頑張れる」と思える何かを持っていれば、いざという時助けになる**んです。

4

信念は曲げない

自分の気持ちに嘘をついてまで何かを続ける、ということは絶対にしません。よく、仕事が嫌だけど辞められない……と悩んでいる人がいますが、本音を飲み込んで、我慢して続けても100%の力を発揮することはできません。何より自分の気持ちに嘘をつく癖がついてしまいます。

私はもともとの性格が飽きっぽいということもありますが、**何かをやめる時の基準は「自分を曲げなければいけない時」**と決めていました。

メイドの仕事をする前、ファミリーレストランでバイトをしていました。

もともと接客に興味があったから選んだというわけではなく、時給もまあまあ良くて、通いやすくて、制服が可愛かったという理由で選びました。何より最大の理由は、「ギャルとして働けるから」でした。ギャルを経験したことがない人は想像がつきにくいかもしれませんが、ギャルにとってファッションやネイルは個性を表現するためのもの、いわばアイデンティティを示すものです。だから何が何でも貫き通したい、と考えているのです。

幸いバイト先は髪色もメイクもネイルもそのままで良いということだったので働いていま

した。しかし、半年ほど経った時に店長が替わり、「髪色が明るいのはNG」「派手なネイルNG」というルールになってしまったのです。

自分が好きなスタイルを曲げてまで、そこで働きたくない。そう思って、すぐにバイトを辞めました。

もしここで、髪を黒く染めてネイルをオフし、自分らしさを押し殺してただお金のために働き続けていたら、私は私のことが嫌いになってしまったと思います。

私は自分のことを好きでいるためにも、絶対に信念は貫くと決めています。

ちなみに、ファミリーレストランを辞めてからは服装や髪色が比較的自由なテレホンアポインターやビラ配りをおこないました。これらは当時のギャルがやるバイトのスタンダードでしたが、もともと人と違うことに興味を持つタイプだった私は銭湯の番台も経験しました。時給は他と比べてだいぶ安かったのですが、窯場で火を見て薪を足すのは案外面白くてはまっていました。せっかくバイトをするなら人と違うことがやりたい！　という思いは、のちにメイドカフェで働くきっかけにもなりました。

5

決定権はすべて自分

むかしから人に指図されるのがすごく嫌でした。そんな性格を知ってか、親からも「ああしなさい」とは言われた記憶がありません。だから、すべて自分で判断してきました。

進路も、バイトも、全部自分で決める。

初めて明確に自分の意思で選んだのは高校でした。中学までは地元の、家から一番近いところに自動的に行くことになっていましたが、高校は別です。もちろん偏差値的に限られてしまう部分はありますが、そのなかで基準を設けて選ぶのはすごくわくわくしました。

高校選びで一番大事にしたのは、**「素の自分でいられる環境であること」**です。先ほどお話ししたように、私は中学時代の大半を自分の意見や個性を押し殺して過ごしていました。毎日が息苦しく、学校生活を楽しみきることができませんでした。途中、髪を染めたことをきっかけに窮屈な思いから解放され、本来の自分で過ごせるようになってからは学校生活が楽しくなったので、高校に進学してもその状態をキープしたいと思ったのです。

そして、素の自分でいられる環境のある高校はどのようなところだろう？　と考えて出した基準は以下の三つでした。電車通学・ダサくない制服・ゆるい校則です。

ギャルの聖地と言えば渋谷です。実家が千葉だったので、渋谷に行くためには電車に乗る必要があります。もし自転車で通う高校を選んでしまうと、一回家に自転車を置きに帰らなくてはなりません。貴重な放課後の時間を、目一杯渋谷で遊ぶことに使いたかったので、電車通学ができる高校というのは第一の基準でした。制服は残念ながら自分の好みに合うデザインがなかったので、なるべくダサくないところを選びました。また、思いっきりオシャレを楽しみたかったので、校則はゆるいに越したことはありません。

これら三つを満たす高校に進むと、当然同じような価値観の人たちが集まっているので、自然体でいることができました。実際、毎日がすごく楽しくて仕方ありませんでした。休み時間に一緒に雑誌を読んで盛り上がったり、こっそり授業を抜けて屋上で肌を焼いたり、放課後渋谷に出向いて遅くまで遊んだり。自分で選び取った環境だから、楽しさもひとしおでした。

自分で決断を下すことは簡単ではありません。なぜなら、決断した結果、後悔したり失敗したりしても、「誰か」や「何か」のせいにできないからです。あの人のアドバイスが的外れだからうまくいかなかったんだ、景気が悪いから駄目だったんだ、などと言い訳ができないからです。

しかし、**基準を明確にして、自分で決断すると、誰かに言われるがまま決めるよりも納得感が違います。**自分が選んだんだ、という責任感も芽生えます。そして、選んだ以上絶対にこの道を正解にするんだと、覚悟も決まるのです。だからこそ大切な決断は自分で下すことを心がけています。

6

他人の批判は鵜呑みにしない

周りにどう思われているかが気になってしまうのは、たいていネガティブなことを言われている時です。

しかし、そういった**批判は根拠のないものであれば気にしない**ようにしています。あきらかに自分に非があるな、と思い当たる節があればすごく気にするし、反省もします。けれど、まったく思い当たる節がない、ただの悪口であれば聞き流します。**真に受けてしまうと、原因がわからないので解決しようがないし、必要以上に落ち込んでしまいます。**それはあまり意味がないし、落ち込んでいる時間が勿体無い。その時間をもっと別の楽しいことや情熱を注ぎたいことに充てた方が絶対に良いと思います。

ファミリーレストランでバイトをしていた時に「生意気、調子に乗っている」と悪口を言われたことがありました。制服のリボンを切られるといったプチ嫌がらせも同時にされていたのですが、つらいという気持ちはあまりありませんでした。なぜなら「何か相手に嫌な思いをさせるような言動をしてしまったかな？」と振り返ってみたものの、その人とは業務でもほとんど関係がなく、まったく思い当たらなかったからです。おそらく、単に髪色やメイクが派手だったのが気に入らなかっただけだったのだと思います。

だから、もし**悪口を言われた時は、まず根拠があるかどうかを振り返ってみる。はっきりとした原因があれば対処して、なければ聞かなかったことにする。**他人のネガティブな言葉とはそんな風に付き合うのが良いんじゃないかなと思います。

この話をすると、「hitomiさんは強いね、普通悪口を言われたり嫌がらせを受けたりしたら気にしないなんてできないよ」と言われますが、私も決していじめられても平気というわけではありません。

嫌がらせを受けても毅然としていられたのは、逃げ場所を持っていたからです。逃げ場所とは学校であったり、家庭であったり、自分の味方でいてくれる人がいる場所、いわば駆け込み寺です。

私のことを大切にしてくれて、尊重してくれて、応援してくれる、そういう人たちの存在が「つらくなったら逃げてもいい」と思わせてくれたのです。

他人の批判を気にしすぎないこと、つらくなったら逃げられる場所を作っておくこと。

そうすることで、必要以上に落ち込むことはなくなります。

7

将来に不安を感じるよりも、その瞬間を楽しみきる

学生時代、将来に対して不安がるよりも、**いまをとことん楽しむことに全力**でした。高校卒業後はなんとなく進学はせずに就職して、結婚するのかなという漠然としたイメージはありましたが、**将来どんな仕事に就きたいかなんてまったく考えていませんでした。**

もちろん理想の将来像やキャリアイメージを早いうちに持ち、逆算して、いますべきことが明確にわかっていたら、それはとても素敵なことです。けれど、そうでなければ遊びでも、スポーツでも、勉強でも、アルバイトでも、**とにかく目の前のことを楽しんでやることが大事**だと思います。

高校の体育祭で、放送委員として実況放送を担当したことがありました。もしかしたら、学校行事や委員会の仕事を面倒だなと感じる人もいるかもしれません。けれど、何事も楽しむと決めていた私は実況放送に全力投球。アドリブを交えたトークは生徒たちに大ウケし、その笑い声を聞いて「もっと楽しませよう！」とさらにやる気が出ました。

この時、**私のモチベーションは人が笑顔になってくれること**なのだと気がつきました。

どうしたらもっとみんなが楽しんでくれるのか、そのために自分ができることは何なのかを考えることが好きなんだと。

いま目の前にあることを全力で楽しむと、自分の向き不向きや好き嫌いなど思わぬ発見があります。そして、そこには自分が**本当にやりたい仕事や将来の夢のヒント**があります。

現在に至るまで15年以上、私がこんなにも長くメイドを続けていられるのは、「お客様を笑顔にしたい」という思いが根底にあるからです。そう考えると、**将来の夢がなかった頃にとにかく全力で目の前のことを楽しんで「私のモチベーションは相手の笑顔だ」と気づけた**ことはすごくいい経験だったなと思います。

8

自分に期待する

根拠のない自信を持つことはそう難しくありません。

誰しも、何か行動をする際、ある程度「こういうことができるかもしれない」「こんな結果が出るかもしれない」という期待を持っていると思います。

就職するにしても「営業力が身につくかも」「自分がこの会社のサービスを広めることで、世の中にインパクトを与えられるかも」という期待があるからこそ、受けてみようと応募書類を提出するのだと思います。

つまり、**期待感が一歩踏み出す原動力**となっているのです。そして、この**期待感こそが根拠のない自信の正体**です。

ギャルだった私が秋葉原のメイドの世界に飛び込もうと思ったのも、「ギャルの私だからこそできることがあるかもしれない」という期待感が根底にあったからです。よくわからないけどワクワクする、未来の可能性への期待です。

秋葉原やオタク文化を知らないから、アニメやゲームの知識がないから、というのは諦める理由にはなりませんでした。

経験がないことは何かを諦める理由にはなりません。やったことないから諦めよう、と早々に結論を出してしまうのは勿体無いなと思います。むしろ**経験がないことは武器になります。**知らないからこそ新たな価値を生み出せることもあります。そこに期待を見出せばいいのです。

根拠のない自信を持って行動に移す。行動すれば何かしら結果が生まれます。

時には失敗することもありますが、チャレンジしたぶん成功に近づきます。やり続ければ必ず成功する時が来ます。そして小さな成功体験を積み重ねていくことで本当の自信につながるのです。

大丈夫、あなたのなかにも根拠のない自信は必ずあります。それを大切にすることが、叶えたい夢を見つける第一歩なのです。

私にとって根拠のない自信は何か新しいことにチャレンジする時のお守りです。「私にもできるかもしれない」という気持ちを否定しないで大事にする。それは勇気のいることだと思います。けれど、これから何か叶えたい夢を見つけて、実現するために一歩踏み出す時、必ずこのお守りは役に立ちます。だから**どんな些細なことでもいいので、自分に期待してみて欲しい**なと思います。

CHAPTER 2 — 健全な反発心を見つける

1

「偏見」にこそチャンスが眠っている

叶えたい夢を見つけるためのとっかかりになるものは、**自分の「偏愛対象」を知ること**です。あなたが熱狂しているもの、心の底から大切にしているものを知ることです。

しかし、自分の偏愛対象が何かわからない、という人も多いのではないかなと思います。それを知るためのヒントは**周囲の「偏見」**です。

偏見とは固定観念です。多くの場合はメディアによって作られているイメージなので、実態とはかけ離れていることがあります。

それに対して**反発心や憤りを覚えたとしたら、チャンス**です。なぜならそれは偏見を持たれているものについてあなたは本来の魅力を知っていて、かつ大切に思っているというサインだからです。大事に思っているからこそ、否定的に語られると反論したくなるのです。本当の魅力を伝えたくなるのです。

もしあなたがふとした瞬間に反発心を抱いたら、なぜそう感じたのか、注意深く観察してみてください。もしかしたらそこにあなたの偏愛対象が、夢のタネが眠っているのかもしれません。

2

ギャルへの偏見

校則の厳しい中学に通っていた私は、高校生になったらギャルになろうと決めていました。

SNSというものがまだ無かった時代。雑誌の影響力が強く『egg』や『Ranzuki』といったギャル誌を毎月楽しみにしては、憧れを募らせていました。雑誌に載るギャルたちは自分の好きなものを貫いていて、怖いものなんてなさそう。そんなマインドの強さが格好よく見えたのです。そして何よりすごく**楽しそうに人生を生きているのが羨ましい**なと思いました。

当時は多くの女の子たちが安室奈美恵さんや浜崎あゆみさんに憧れ、彼女たちが身につけたものがすぐにブームとなりました。

黒肌、細眉、ルーズソックス……。渋谷の街は、流行りのメイクとアイテムに身を包んだ女の子たちで溢れかえっていました。高校生のギャル・通称「コギャル」にはじまり、西海岸風のサーフスタイルを取り入れた「LAギャル」、コギャルの進化版でとにかく盛ることを重視した「ヤマンバギャル」「姫ギャル」など、様々なジャンルのギャルが生まれていました。

高校に入学して話の合う子たちとすぐに仲良くなったことで、日サロデビューしたり、渋谷に遊びに行ったりすることが日常になりました。遠い憧れだったギャルに自分もなることができて、毎日が楽しくて楽しくて仕方がありませんでした。

ただ、**世間から持たれているイメージとギャップがある**なとも感じていました。世間一般のギャルのイメージは、「髪色がやたら明るくて化粧が派手すぎる」「校則を守らず学校にちゃんと行かない」「頭も良くない」など、たいへん悪いものでした。

メディアが作り上げたイメージなのでしょうか。ギャルに限らず、ある程度世間の認知度が上がってきたものは、いわゆるマスメディアに取り上げられる機会が増えます。そうなると平凡で普通なものよりは、そのジャンルのなかでも尖っているものや極端なものの方が反響がある。注目されるのは仕方がないとも思いますが、当時ギャルの代表格として紹介されていたのは、渋谷センター街の道端に座り込みたむろしているようなギャルたちばかり。彼女らは「家に帰らない」「お風呂に入っていない」「不潔そう」といった紹介のされ方をしていました。

また、当時大流行していた厚底ブーツは、転倒して怪我をするギャルも多かったことから、

「危険性が高い」とさも社会問題であるかのように夕方のニュースで取り上げられていたこともあります。

ギャルはただ派手な格好をしていればいいというわけではありません。それこそジャンルが細かく分かれていったように、それぞれが「このスタイルをしたい」という**美学を持って身につけるものを選んでいる**のです。

私が好きだったのは「姫ギャル」で、ちょうどヤマンバギャルの勢いが少し落ち着いた頃に出てきたスタイルでした。

それまでのギャルとは一転して、白肌が特徴。キラキラしたものを好み、華やかに髪型をセットして、ティアラを頭にのせて街を歩く。携帯電話はラインストーンでデコレーションするのがセオリーでした。その名の通り、本当にお姫様のようでした。

また、私が知っているギャルは、仲間思いで、礼儀正しく、自分の信念をしっかり持っている人たちばかりでした。その姿に憧れていたし、私もそうで在りたいと思っていたのです。

しかし**世間のギャルのイメージは先ほど挙げたようなマイナスのものばかり**で、それはあっとほぉーむカフェに来店するご主人様（お客様）にとっても例外ではありませんでした。入店当時、私の外見は「ザ・ギャル」でした。いままでのメイドとはまったく違う派手な見た目のギャルだった私を受け入れてくれるご主人様は少なく、喋りかけても「あっちに行って」という空気を出されてしまいました。メイド仲間からも煙たがられていました。

けれど、当時は「ここで私が何か結果を出せば周りの目は変わる」という気合いで、お給仕（接客）を楽しんでいました。もし辞めてしまったら、「やっぱりギャルは責任感がない」と言われて、より偏見が強くなるのは嫌だったからです。

いま振り返ると、メイクをメイドらしくするなど、もう少し**環境に馴染む努力も必要**だったなと思います。

しかし、**自分が好きなものに偏見を持たれている時に「そうじゃないことを証明する！」という気持ち**は、結果的に私にとってメイドという仕事に本気になる原動力となりました。

3

オタクへの偏見

オタクと言えばアニメやゲームが好き。コミュニケーションが苦手で、話す時は早口でボソボソ喋る。ネルシャツをジーパンにインするのが定番ファッションで、ダサい。おそらくこれは当時の世間が抱いていたオタクのイメージで、**どちらかというとネガティブに捉えられていたことが多かった**と思います。

私もマイナスの印象こそ持っていなかったものの、メイドになる前はそれに似たイメージを抱いていました。しかし、実際に話してみるとその知識の深さに感動して、わくわくしました。コミュニケーション下手かなと思っていましたが、好きな分野について話す時はむしろ流暢になるのです。ファッションにこだわっている人も多くいます。

オタクと呼ばれる人たちと接するなかで、**オタクとは一つの分野に対して深い愛情と知識を持っている人**のことを言うのだなと思うようになりました。最初に挙げたイメージは単なる偏見だと気づいたのです。

メイドカフェで働いていると言うと「お客さんはオタクの人でしょ？　気持ち悪くない

の？」と聞かれることがあります。「メイドカフェに行ってみたいけど、周りがオタクばっかりだから嫌だな」と言われることもあります。

それを聞くたびに、どうして「オタク」と一括りにして、嫌うんだろう？　とやるせ無い気持ちになりました。ギャル時代に見た目だけで判断され、批判めいたことを言われた時も思ったのですが、私は**絶対に先入観で好き嫌いを決めない**ようにしようと、あらためて決意したのです。

この経験をもとに、接客時には**お客様を見た目や印象で「こういう人だ」と決めつけず、会話を通じて目の前の人を深く知るよう意識する**ようになりました。

ちなみに、オタクへの偏見が薄れたきっかけは2005年頃インターネット掲示板の書き込みからドラマ化や書籍化されて大きな話題となった『電車男』でした。アニメとゲームを愛する気弱な性格のアキバ系オタク・山田剛司《やまだつよし》と美人でお嬢様なOL、エルメスこと青山沙《あおやまさ》織《おり》の純愛物語で、ドラマでは伊藤淳史《いとうあつし》さんが山田役を、伊東美咲《いとうみさき》さんがエルメス役をそれぞれ演じました。オタクたちのなかでよく使われていた「漏れ（俺）」「w（笑）」「乙（おつ）」

「おｋ（ＯＫ）」「キターーーー（来た）」などの2ちゃんねる用語は、『電車男』放送をきっかけに一般の人たちにも広く知られるようになりました。

オタクに対してだけでなく、秋葉原という街やドラマ内に出てきたメイドカフェへの偏見も薄れたように感じました。メディアの影響力というのは良くも悪くも大きいものだなとあらためて感じた出来事でした。

4

メイドへの偏見

私がメイドをはじめた頃は、メイドカフェという業態が生まれたばかりで、**お昼にやっているキャバクラのようなイメージを持たれている方が多かった**ような気がします。

可愛い女の子が好きな男性が通う、ちょっとアダルトなお店。オタク用語が飛び交っていて、一般のお客さんは少し入りにくい、メイドはそんな場所で働く女の子。おそらくですけど、15年前までメイドに対する世間一般のイメージは、こんな感じだったのではないでしょうか。メイドとして働く前は私もそう思っていました。

もともと多くの人は足を踏み入れないニッチな世界であればあるほど、強い興味を持つタイプだった私。メイドとの出会いも、深夜のテレビ番組で「あっとほぉーむカフェ」を見かけた偶然からでした。

「あっとほぉーむカフェの看板メイドとお客さんが店外デートをする」といういままでは絶対にありえないような企画だったのですが、お客さんが手をつなごうとするとメイドさんが「駄目だよ」ともじもじしながら小声で制止していました。終盤では「無理に手をつなごうとしてごめんね」とお客さんが謝り、微妙な空気のまま企画は終了。それを見て私は自意識過剰ながら「私ならもっとうまく対応できるのに」と思ったのです。もし「駄目だよ」と言わずに、メイドはご主人様と手をつないではいけないというルールを別の言い方で伝えられていたら、あんな気まずい空気にならなかったんじゃないか、私ならそれができたかもしれない、と。

翌日同じ番組を見た友達とも話題になり、茶化すように笑い合っていた私ですが、**もうメイドという仕事が気になって仕方がない。**その場では「働きたい」なんてとても言える雰囲気ではなかったのですが、興味の大きさが勝ってしまい、友達の一人に「メイドカフェで働いてみたいんだよね」と本音をこぼしました。驚くことに、その友人も「じつは私もそう思ってたんだ」と言ってくれたのです。

そこで早速二人で秋葉原のメイドカフェを調べることにしました。当時はメイドカフェ自体が少なく、さらにバイトを募集しているカフェとなったら数店舗しかありませんでした。姫ギャルらしくピンクのメイド服が着たかったので、その条件で絞った結果、当時ピンクのメイド服を制服としていたあっとほぉーむカフェ一択となりました。結局、メイドに興味を持ったきっかけとなったお店に応募することとなったのです。

履歴書を送り、二度の面接を経て無事採用されました。一緒に受けた友人も合格し、心強かったのを覚えています。

入店当初はメイドに対してネガティブな意見を聞く機会はなかったのですが、**メディア出演をするようになってから偏見を持たれているなと痛感**しました。

取材で「もっと変なことはできませんか？」と聞かれるなどメイドはイロモノ扱い。下ネタを振ってもいいと思われていて、「胸、何カップなの？」と聞かれたこともあります。

そのような扱いに悩む一方、これらの質問は私に、メイドにとって一番大切な要素を教えてくれました。それは世界観の重要性です。

メイドはメイドで在るために、世界観、キャラクターを完璧に作り上げることが大事なのです。先ほどの「胸、何カップなの？」という質問に対して世界観がないと普通の回答をしてしまい、メイド服を着ているだけの普通の女の子に見えてしまいます。

しかし、「なんのことですか？ あっ、コーヒーカップのことですか？」とキャラクター目線で返すと、むしろユーモアを感じてもらえます。

それに気がついてから、私はメイドｈｉｔｏｍｉのキャラクターを確立するために、出演したテレビや雑誌を見返して**「どの対応がメイドらしいか」を客観的に見る**ようにしました。質問に対する回答、リアクション、動作や仕草……。インタビュアーやゲストの方の反応も分析しながら、どんな風にするのがベストかを模索し、メイドｈｉｔｏｍｉのキャラクターを作り上げていきました。

ある時テレビの取材で「メイドにあーんして食べさせてもらう絵が撮りたい」と依頼されたことがありました。本来であれば、そういう行為は世界観に合わないのでお断りします。しかし、メイドｈｉｔｏｍｉのキャラクターとして何がベストかを考えた結果、「食べさせてもらうという絵は難しいですが、台本通り〝メイドにあーんして〟とお願いはしてください。ちゃんと盛り上がるような返答をします」と伝えました。

そして迎えた本番。「メイドさんに食べさせてほしいな」と言ったタレントの方に対して私はこのように言いました。「ご主人様、何言ってるんですか。ご主人様が小さいお坊ちゃまだった時には、もちろん私たちメイドが食べさせてましたけど、ご主人様は、もうこんなに大きくなったじゃないですか。もう一人で食べられますよね」と。

おそらく**テレビ的には、食べさせてる絵が撮りたいのではなくて、メイドとの面白いやりとりが撮りたい**のだと考えての返しでした。結果、現場は大盛り上がりとなったのです。また、メイドの仕事の本質はご主人様へのご奉仕なので、**どのような接客が喜ばれるかも追求**するようになりました。

そのなかで生まれたパフォーマンスが**「愛込め」**です。

ドリンクがもっと美味しくなるように「萌え萌えきゅん♡」とおまじないをかけるパフォーマンスで、私が考案しました。ドリンクを少しでも美味しく感じてもらえるように愛情を込める、というのはメイドらしいなと思ったからです。

いまではあっとほぉーむカフェだけでなく、他のメイドカフェにも広がっています。ご主人様に対するご奉仕という世界観を作るうえで「愛込め」はなくてはならない定番パフォーマンスとなっています。

もしメイドに対する偏見に胸を痛めただけで何も行動をせずにいたら、メイドhitomiも「愛込め」も生まれなかったと思うと、あの時反発心をバネに行動してよかったなと思っています。

5

アキバへの偏見

秋葉原はオタクの街。メイドになるまでは行ったこともなく、ギャルの私とは無縁の街だと思っていました。しかし、**実際に秋葉原で働くようになり、従業員やお客様と関わることで秋葉原の魅力をどんどん感じるようになっていきました。**

路上パフォーマンスやフリーマーケットなど、さまざまな表現で自分たちの〝好き〟をアピールできる中央通りの歩行者天国、目をキラキラさせながら買い物を楽しんでいる観光客で賑わう電気街。そこかしこに共通の趣味を持った人同士で熱く語り合っている人たちがいて、熱気に満ちた秋葉原という街が日を追うごとに好きになっていきました。

メイドカフェというものがメディアにより広く知られるようになり、「萌え〜」でユーキャン新語・流行語大賞トップテン受賞などのある種メイドブームによって、これまで秋葉原には縁が無かった方々も遊びに来てくれるようになった時は、より多くの人に街の魅力を知ってもらえたことがすごく嬉しく感じました。

しかし、忘れもしない2008年6月8日。秋葉原で「無差別殺傷事件」が起こりました。

昼間の秋葉原、中央通り。歩行者天国に突然トラックが突っ込み、車から降りて来た犯人は、次々と通行人に襲いかかりました。17人の死傷者が出た、記憶から消えることのない、衝撃的な事件です。

事件後、「秋葉原は怖い街」というイメージがついてしまい、訪れる人は激減。中央通りの歩行者天国も中止となり、秋葉原の魅力がどんどん踏み躙《にじ》られていくことに胸が痛みました。盛り上がりを見せていたメイドカフェへの風当たりも強くなりました。

当時報道では「犯人がアニメ好きで秋葉原に入り浸っていた」「メイドカフェの常連だった」という部分を強調して取り上げているものが多かったため、「オタクが事件を起こした」と、またも偏見につながるような事件の広がり方をしていったのです。これには悲しさというより苛立ちすら覚えました。

あっとほぉーむカフェへの来客数も減りました。しかし、私は秋葉原の街の魅力を知っているからこそ、「絶対に復活できる」と強い思いを抱いていました。メイドとして自分にできることは何か、自問自答しながらお店に立ち続けました。

こんな時だからこそ、来てよかったと思ってもらえるような「おもてなし」をしたい。事件前と変わらない「楽しい場所」で在りたい。その一心でした。そして街全体の警備が強化されたこともあり、あっとほぉーむカフェも徐々に日常を取り戻していったのです。

事件から2年ほど経ったある日のことです。

一人の常連さんが、事件以来初めてお店に訪れました。彼は事件を目撃していて、それ以来秋葉原に足を運ぶのが怖くなっていたそうです。しかし、私たちが変わらずお給仕を続けている姿に勇気づけられ、今回来店を決意してくれたというのです。「ずっと戻ってきたいと思っていた。あなたが頑張ってくれていたから、こうやってまた来ることができた」と。

私がこの場所で**「変わらない店」を守り続けることには意味がある**のだと気づけた瞬間でした。

10年以上経ったいま、秋葉原は街自体も大きく変わり、たくさんの方で賑わっています。それは秋葉原に生きる人々が一歩ずつでも日常を取り戻すべく、努めてきた結果だと思います。あらためて私は、この街が大好きだなと感じました。

そして2017年、恐れ多くも秋葉原観光親善大使という大役をいただくことになります。観光に来てくださった方々だけでなく、まだ足を運んだことのない人たちにもメイドの世界観や健全さをもっと伝えていきたいと思いました。

秋葉原に縁がないと思っていた私が、メイドとして働くなかで知った秋葉原の魅力を届ける。それが私にできる秋葉原への恩返しだと思っています。

CHAPTER 3

経験を掛け合わせる

1

経験を掛け合わせると、視野が広がる

アイデアを思いつく方法として、**「既存の要素を掛け合わせる」**というものがあります。

夢が見つかっていないということは、もしかしたら、**いままで経験したもののなかにあなたが叶えたい夢はないのかもしれません。そうであるなら、この掛け合わせを試してみる**のがいいと思います。

たとえばいま、あなたが接客業をしているなら、次は営業を経験してみる。

洋画が好きでよく観ているなら、今度は歌舞伎を観に行ってみる。

このように、どんどん経験を掛け合わせていきます。すると**意外な共通点が見つかったり、転用できる要素を発見したりできます。**また、経験を掛け合わせることで希少な人材になることもできます。

私の場合は、ギャル×メイド×アイドル×社長……といった具合です。このようなメイドはなかなかいないと思います。

二つの要素が遠いもの、真逆なものであればあるほど、アイデアの幅は広がります。視野が広がります。希少性も高まります。そうすると、新しい価値観が生まれたり、**自分にしかできないことが見つかったりするのです。**

2

「ギャル」と「メイド」

派手な見た目のギャルだった私は、あっとほぉーむカフェでアルバイトをはじめて間もない頃、お店で「異端児扱い」をされていました。そもそもメイドカフェに応募してくる女の子はアニメやコスプレ好きな人がほとんどだったので、当時はオタク趣味のないギャルがメイドになること自体あり得ませんでした。

私は書類審査の後、二度の面接を経て採用となったのですが、正直一次面接の段階では受かった！　という手応えはありませんでした。一次面接の場所はあっとほぉーむカフェの1号店が入っているドン・キホーテ秋葉原店ビルで、面接を担当してくださったのは当時のメイドのリーダーでした。「ザ・ギャル」の外見にリーダーは怪訝な顔をしていました。それもそのはず、当時メイドカフェに応募してくる人はアニメやコスプレが好きないわゆるオタクの女の子ばかりだったので、私は冷やかしで来たと思われていたのです。

履歴書に貼った写真はツインテールをしてメイドらしく写ったものにしていたのですが、実際はメイドとは真逆のギャル。あきらかに場違いで浮いていました。

面接対策をするという選択肢はもちろん当時の私にはなかったので、質疑応答は一発勝負。当然ほとんどの質問に答えることはできませんでした。面接担当者も引いているし、まともに受け答えもできなかったし、絶対に落ちた……。と諦めていたのですが、意外にも二次面接の案内が来たのです。

二次面接を担当してくれたのは、あっとほぉーむカフェがオープンした当時の社長・ミハさんという方でした。ミハさんとの面接は一次とはうって変わってすごく楽しく、ミハさんのフランクな雰囲気も相まって終始リラックスして自然体で質問に答えることができました。一次面接ではうまく答えられなかった志望動機も、二次面接では「**人を楽しませるような、他には無いエンターテイメントの仕事がしたいからです**」と明確に伝えることができました。様々なバイト経験を通じて感じた、「**他の誰も経験したことないような、刺激とやりがいのある仕事がしたい**」という思いをまっすぐにミハさんに伝えることができたのです。今度は合格の手応えも感じられ、晴れて採用となりました。

これは入店後に聞いた話なのですが、ミハさんは**オタクではない普通の女子高生を入れる**

ことで、一般のお客さんや女性客が来るお店にしていきたいという狙いがあって採用を決めたそうです。その頃のあっとほぉーむカフェは異なるタイプの人を遠ざける閉鎖的な雰囲気で、店内はメイドもお客様もアニメやゲーム好きの人ばかりだったと言います。ミハさんとしては、「メイドカフェ＝ニッチなもの」というイメージを払拭し、世間の知名度を上げてメジャーなものにしたかったそうです。メイドという仕事を私のようなオタクではない女の子に人気の仕事にすることで、オタクではない人にも受け入れられる場所にしたい、と。そこであえて秋葉原と接点のない私を採用したのだそうです。

当時のメイドカフェの採用倍率は70～80倍。あっとほぉーむカフェでなければ、ミハさんでなければ採用されることはなかったのだと思うと、感謝の気持ちでいっぱいになりました。**期待してくれたミハさんになんとか応えたいという思いも芽生えました。**

ただ、場違いであることに変わりはなかったので、同僚のメイドにもご主人様にも最初は戸惑いの目で見られていました。仕事内容もよく理解していなかったので、ご主人様が何を求めているのかを考えることもせず、ただ「可愛い制服が着れて嬉しい」「友達と違う経験ができて楽しい」と浮ついた態度でお店に立っていました。
入店して二日目に「コスプレデー」というイベントが開催されたのですが、コスプレの意味がよくわからなかった私は肩出しのトップスにミニスカートという、普段のギャルの格好でお店に出たのです。なんのキャラクター？　と聞かれてようやくコスプレの意味を理解し、とっさに「安室奈美恵のコスプレ！」ということにしたのですが（笑）、いかに私が真剣に仕事に向き合っていなかったのかがわかるエピソードだと思います。

時には先輩メイドに陰口を叩かれたこともありました。いま思えば私の態度にも原因があったのですが、当時の私は「何か悪いことをしましたか？　言いたいことがあるなら面と向かって言ってください」と伝えました。一緒に働く以上、わだかまりがあるのが嫌だったからこその行動だったのですが、先輩が泣き出してしまうということもありました。

またある時は、ご主人様に頬にキスをされてブチ切れたことがあります。当時、店内にプリクラがあり、そこで一緒に撮影をするサービスがありました。プリクラのなかは狭く、どうしても顔が近づいてしまい、そこで頬にキスをされてしまったのです。もちろんそれは禁止事項で、100％ご主人様に非があります。けれど、精神的にもまだ幼いギャルだった私はご主人様を殴ってしまい、店長に叱られてしまいました。ただ、この出来事は万が一の身の危険や対策を考えるきっかけになりました。殴りかかった私も冷静さを欠いていて反省すべきですが、**いくらお金をいただく立場だとしても、人として苦痛に感じることは我慢せず、毅然とした態度を取らなくてはいけない。**そう思うようになりました。

こんな具合に、ギャルとして採用された私は、そのままのキャラクターでメイドをしていたのです。それが良いとも悪いとも思わず、ただ楽しんでやっていました。

そんなある日、ミハさんから「**ｈｉｔｏｍｉはもっと〝萌え〟を追求してください**」と言われ、ハッとしたのです。当時はまだ萌えという言葉は一般的ではなく、よく意味がわからなかったのですが、とにかくこのままではいけないということだけはわかりました。

「ギャルのまま、素のままで接客していては駄目だ。メイドにならなければ」

そう思った私は、まず秋葉原にあるメイドカフェを巡ることにしました。100軒以上のメイドカフェを視察する勢いで、来る日も来る日も足を運びました。他のメイドさんはどんな接客をしているのだろう？　お客さんはどんなことをされると嬉しいのだろう？　そう客観的に見るようにしました。

とあるメイドカフェに入った時のことです。そこは常連さんばかりで、お店のシステムやルールについてもわかりにくく、メイドさんもあまり声をかけてくれませんでした。私はまったく楽しむことができなかったのです。その時気づいたのです。メイドには、どんな人に対しても喜んでもらいたいという気持ちが必要不可欠なのだなと。

そこから私の意識はガラリと変わりました。

「メイドカフェは、私の〝我〟を通す場所じゃない。ご主人様を喜ばせる場所なんだ」

そのためには、理想のメイド像を追求する必要がある。メイドの世界観を作る必要がある。

そう思うようになったのです。**どこにでもいるようなギャル、普通の女子高生の私だからこそ作り上げることができるメイド像があるはず。**こうしてメイドｈｉｔｏｍｉが生まれたのです。

3

「エース」と「リーダー」

あっとほぉーむカフェで働きはじめたのは2004年12月。ちょうどその頃、メイドカフェブームが訪れて、テレビや雑誌の取材依頼が次々と舞い込むようになっていました。入店間もない私でしたが、ミハさんから取材対応を任されメディアにも少しずつ出るようになりました。休日は特に昼間からのシフトに出ていることが多く、取材の時間に合わせやすいということもあったのですが、オタクではない普通の女の子もメイドをやっていることを周知したいという狙いもあったそうです。普通の女の子がメイドカフェで働く姿を見れば、視聴者の方も「私も働いてみたい」「オタクじゃなくても行けるなら、行ってみたいな」と思ってくれるはずだと。

取材対応は最初なかなかうまくいきませんでしたが、任されたからにはその期待に応えようと必死でした。高校の体育祭でアドリブ実況放送したように、もともと機転を利かせたコメントで笑いを取ることが得意だった私。**回を重ねるごとに緊張が解け、だんだん素が出てきてコメントもぽんぽん出るようになりました。**たとえば「出身地は?」と聞かれたら「お花畑です♡」とメルヘンでファンタジックな回答が自然と出てくるようになりました。その受け答えが取材してくださった方々にすごくウケて、徐々に「これがメイドとしての私のキャラになるな」という確信につながっていきました。

ギャルだということでずっと浮いた存在だった私にとって、取材対応を任されたことはモチベーションになっていました。お店ではご主人様とのコミュニケーションがまだ思うようにうまく取れていないなか、あっとほぉーむカフェの**メイド代表としてメディアに出るという役割をもらえたことがすごく励みになっていた**のです。

ｈｉｔｏｍｉ個人としての知名度もどんどん上がっていきました。お店には「ｈｉｔｏｍｉちゃんに会いに来ました」「テレビを見て来ました」という方が多く来店するようになりました。私はいつしか「エース」と呼ばれる立場になっていたのです。私生活でも、渋谷の１０９前で「ｈｉｔｏｍｉちゃんですよね？」と言われるなど、メイド服を着ていない時も声をかけられることが増えました。秋葉原に縁がなかった人にもメイドカフェやｈｉｔｏｍｉのことが知られるようになっていることを肌で感じ、身の引き締まる思いでした。**メディアで初めて私を見た人にとっては「メイド＝ｈｉｔｏｍｉ」というイメージになるからこそ、いままで以上にメイドｈｉｔｏｍｉらしい言動を意識しようと責任感も芽生えました。**

入店して半年ほど経った頃、あっとほぉーむカフェのメイドによるアイドルユニット「完全メイド宣言」が結成されました。もともと店内で流す曲をメイドが歌ったらどうだろうという社長のミハさんの提案によるものでした。立候補した11人で結成し、私はダブルセンターの一人として活動していました。

最初は店内でのみパフォーマンスをおこなっていたのですが、メイドカフェブームだったこともあり注目を集め、ついにCDをリリースすることになったのです。活動の場も店外に移り、都内でのインストアライブや学園祭ライブもおこなうようになりました。さらに人気を勢いづけたのは、「萌え〜」というワードのユーキャン新語・流行語大賞トップテン受賞でした。「萌え〜」はネットから発生した言葉でしたが、その時「萌え」と「秋葉原」、「メイド」がセットで知られるようになっていたため、私たちが受賞させていただくこととなったのです。

順風満帆の完全メイド宣言でしたが、結成からわずか1年半で解散することとなります。生みの親であるミハさんの退社とダブルセンターを務めていたメンバーの卒業が決まったタイミングで、残りのメンバーと話し合いを重ねて出した結論でした。

解散後、私は後継アイドルユニット「Pa☆letee」を経て、よりダンスを強化したユニット「TEAM純情」を結成します。

TEAM純情は、二人組のメイドユニットとしてスタートしましたが、インディーズデビューを機に大きく方針転換をします。**「メイドを封印して秋葉原を飛び出し、本格的にエンターテイメントの世界に挑戦する」**というのが新しい方針です。それは想像以上にたいへんなことでした。これまでのユニットは、メイドらしく可愛い振付けと歌でメイドの世界観を表現していましたが、TEAM純情は激しいダンスパフォーマンスでクールなイメージを追求しました。メイドhitomiではなく、別人格の「ひとみん」として活動することになったのです。

メイドの肩書き、hitomiの知名度に頼らない活動は厳しいものがありました。とにかくたくさんの人に知ってもらうために、地下アイドルがたくさん出演するライブに出たのですが、そこではパフォーマンスをするグループによってフロアの客層がガラリと変わるのです。私たちがステージに上がるや否や一つ前のグループのライブを見ていたお客さんが帰ってしまうことも多かったですし、もともとはメイドカフェで働いているメイドだと知っている人からは**「メイドにアイドルは務まらない」と冷ややかな視線を浴びました。**もちろんメイドhitomiのファンの方々が引き続き応援してくれましたが、いままでいかにメイドというものに助けられていたかを痛感しました。正直心が折れそうな時も何度かありましたが、それでも必死にTEAM純情の活動を続けたのは、周囲の期待に応えたかったからです。TEAM純情が成功すれば、**あっとほぉーむカフェにとってもプラスになる、だから何がなんでも結果を出さなければ、というエースとしてのプライドもありました。**

しかし、なかなか軌道に乗らないまま、活動3年目を迎えた2011年3月、東日本大震災が起こりました。

じつはその二日後、ワンマンライブを控えていました。TEAM純情の行く末を左右する、勝負のステージでもありました。大きな会場を借り、生バンドも入れ、たとえ赤字になってもいいから、いまできる最大限のステージを実現するという覚悟のもと、スタッフも含め全員で準備をしてきました。

皆さんも記憶に残っていると思いますが、震災の被害は甚大で世の中は自粛モード。とてもじゃないですが、大型イベントを開催できる状況ではありませんでした。こうしてイベントは中止となり、明確に活動休止宣言をしたわけではないものの、ＴＥＡＭ純情は事実上の解散となりました。

入店以来、ほとんどアイドルとメイドを同時進行していた私ですが、解散を機にメイドに専念することとなったのです。

「社長をやってみないか」と当時のあっとほぉーむカフェオーナー・小田吉男さんに言われたのは、２０１２年11月のことでした。ありがたいことに私はメイドのなかでもエースと言われる存在になっていて、お店の看板を背負っているんだという自負がありました。また、誰よりもあっとほぉーむカフェが好きだという自信もありました。しかし、この大抜擢には正直戸惑いました。社長に就任するということは、メイドだけでなく社員を含めた全員のリーダーになるということです。乱暴な言い方ですが、**エースはいちプレイヤーとして個人成績を伸ばすなど自分の成長だけにコミットしていれば良いのですが、リーダー、まして社長となるとメイドや社員、会社全体の成長を考えなければなりません。**はたして私にそんな大役が務まるのだろうか、と不安でいっぱいでした。

さらにいわゆる社長の仕事は難しい資料に目を通しながら数字と向き合うことだと想像していたので、数学が苦手だった私には絶対に無理だとも思いました。そして何より、社長になってしまったら、いままでのようにお給仕ができなくなってしまうかもしれない、せっかく作り上げたメイドｈｉｔｏｍｉの世界観が社長ｈｉｔｏｍｉとなった途端崩れてしまうかもしれない……。そのような不安もありました。いつもなら二つ返事で提案を受け入れる私も躊躇してしまったのです。

その後、よくよく小田さんの話を聞くと、今回私と同時に深沢孝樹さんも代表取締役に就任し、ツートップ体制でいくとのことでした。深沢さんは２００６年頃からあっとほぉーむカフェに携わり、店長をはじめ様々な役職を歴任してきた叩き上げの存在です。

小田さんの考えはこうでした。hitomiは企画やメイドの教育を担当して、深沢さんが店舗の運営全般や管理面を担当する、と。「hitomiがあっとほぉーむカフェをより良くするためのアイデアを出して、それは実行可能なのか、きちんと収益につながるのかは深沢が考える。だからhitomiはいままでと同じようにあっとほぉーむカフェのメイドとしてメイド文化をより広めていって欲しい」と言っていただきました。

それを聞いて、いままで通りメイドとしてお給仕ができるということ、社長という肩書きはつくけれど、そのぶんよりあっとほぉーむカフェを良くしていくために**自分の意見を反映しやすくなる立場になれることはむしろチャンス**だなと思えました。完全に不安が消えたわけではありませんが、引き受けることにしたのです。

しかし想像以上の困難がありました。エースとリーダーの役割がまったく違ったからです。

エースの役割は、とにかく自分が輝き続けることです。一方、リーダーの役割は教育です。

私の場合、社長になってもメイドとしてお店に入っていたので、もちろんエースとしての役割を果たそうという気持ちは変わらず持ちつつも、リーダーとして**どうしたら自分がいなくともあっとほぉーむカフェが素敵な場所になるか**をすごく考えるようになりました。

最初は自分が思うメイドの美学が、イコール自分でした。つまり「メイドとはこうあるべきだ」を体現する存在がメイドｈｉｔｏｍｉであると思っていたのです。エースとしては当然その自信は持つべきですが、それを他のメイドに押しつけてしまっていたのです。

たとえば取材で「メイドカフェとは、どんなところですか?」と聞かれた時にAさんが「可愛い女の子がメイド服を着て、ご主人様とお嬢様とお話をする空間です」と答えたとします。その時、メイドｈｉｔｏｍｉであればまず「可愛い女の子」という言い方はしません。実際に可愛い女の子なのは確かなのですが、自分たちで言ってしまうと過剰な印象を与えてしまいます。

また、「お話をする」ではなく「ご奉仕させていただく」というメイド用語を盛り込みます。さらに「お食事や飲み物を提供する時に、〝愛込め〟というおいしくなる魔法をかけます」という、**あっとほぉーむカフェならではのサービス紹介も入れるよう意識します。**それができないAさんに対して、不満を覚えてしまったのです。

しかし、これはエースの視点で見た時の感想です。

リーダーの立場でAさんを見ると、彼女はまだあっとほぉーむカフェの世界観を完璧にわかっていないだけだと思えるようになりました。ですから、不満をそのまま伝えるのではなく、「もうちょっとこういう言い方をすると、あっとほぉーむカフェのメイドらしくなるよ」と**具体的に伝えるのがリーダーとして私がやるべきことです。**

自分が経験してきたことを伝えることで、その子のなかでの理想のメイド像が作られる手助けをしてあげる。エースとリーダー、役割が異なるポジションをどちらも経験している私だからこそできることだと思っています。

ですがすべてのメイドに「あっとほぉーむカフェの世界観はこうだよ」と私が直接教えるのはなかなか難しいですし、教えたとしても全員がうまく実践できるわけではありません。

そこで、**メイドの世界観のマニュアル化**に着手することにしました。

もともと業務上のマニュアルはありましたが、世界観に沿った対応については触れられていませんでした。そのため、私が入店してから**約8年間培ってきた経験、試行錯誤しながら作り上げてきた世界観をすべてマニュアルに落とし込む**ことにしたのです。

「メイドになることを心に決めた女の子は、魔法にかかり永遠の17歳へと生まれ変わる。あっとほぉーむカフェに帰ってくるご主人様・お嬢様のために身なりを整え、滞在中の時間を楽しんでもらうためにお給仕に励む。

そして、お給仕の時間が終わると雲に乗ったり綿毛にぶら下がったりしながら、それぞれのおうちに帰って行く。」

事務的で文字ばかりのマニュアルにするのではなく、冒頭には童話テイストの文章を載せ、絵本風のイラストを添えることで、非日常な世界観に感情移入しやすくしました。

さらに、「はじめに　メイドのみなさんへ」と題して次のようなメッセージを記載しました。


「あっとほぉーむカフェは、単なる飲食店ではありません。

店内を【ご主人様のお屋敷】に見立て、お屋敷でご主人様のお戻りを心待ちにしているメイドを演じることで、滞在中のおもてなしを楽しんでいただくエンターテイメント型メイドカフェです。

あっとほぉーむカフェで働くメイドには全員、飲食店の接客ではなく、ご主人様にお仕えするメイドになりきって、訪れるご主人様におもてなしをしていただきます。日常生活ではあまり縁の無いことばかりですので、慣れるまでは恥ずかしいと感じる場面もあるかと思います。ですが、恥ずかしさを捨ててメイドになりきることが出来たとき、お客様に他では体験することができない楽しい時間と感動をお届けすることができます。それは言わばプロのエンターテイナーであり、プロのメイドです。

あっとほぉーむカフェの一番の財産は、お客様のために楽しい時間を提供すべく真面目に取り組んでいる【プロのメイド】を数多く抱えていることです。それが、あっとほぉーむカフェが秋葉原の代表的なエンターテイメントスポットとして、日本国内にとどまらず海外からも高い支持を受けている理由です。

これからメイドになろうとしている皆さんには、あっとほぉーむカフェのメイドであることに誇りを持ち、たくさんのご主人様・お嬢様に**【楽しい】**をお届けできるメイドに成長して頂けることを願っております。」


そのあとに細かなルールを記載するようにしたのですが、気をつけたのは**メイドｈｉｔｏｍｉの美学を押しつけないようにする**ことです。私は私のやり方に自信を持っていますが、全員がｈｉｔｏｍｉと同じ接客をしたからといってうまくいくとは限りません。人にはそれぞれ自分に合ったやり方があるはずです。もし私のやり方を唯一の正解にしてしまうと、脱落してしまう人がたくさんいます。

それははたして「あっとほぉーむカフェ」のためになるか、来店してくださるお客様のためになるかと言えば、そうではありません。**世界観を守りつつも、そのなかに個性豊かなメイドがたくさんいた方がお客様もより楽しむことができる**はずです。メイドにとっても自分の個性が活かせた方がやりがいを感じることができるはずです。

マニュアルの内容には強制力を持たせず、あえて余白を残すようにしました。たとえば「おかえりなさいませ、ご主人様」などの定番の挨拶は決まっていますが、そこから先の例文には「これはあくまで例文ですので、自分なりの工夫を加えつつ、きちんと気持ちを込めて説明してみてください」と注記するようにしました。

このマニュアルを運用するようになってから、あっとほぉーむカフェでは個性豊かなメイドが育つようになり、エンターテイメント性がより高くなりました。

もし私がエースしか経験していなかったら、このようなマニュアルは作れませんでした。

いちメイドとして、良かれと思って後輩メイドに自分のやり方を押しつけていたかもしれません。社長となり、リーダーとしてあっとほぉーむカフェにとってのベストは何か？　という視点で考えられるようになったからこそ、メイド一人ひとりの個性、多様性を受け入れられるようになったのです。

このようにマニュアルは作成しましたが、メイドたちとの世界観の共有は、それだけでは完結しません。頭ではわかっていても、実際に行動に落とし込むのは難しいからです。そのため、メイドたちに世界観を伝えていくために、次の二つのことを大事にしています。

一つは、会議の場で上がってくる**相談については世界観に沿って回答**すること。月に一回、プレミアムメイド（※あっとほぉーむカフェの看板メイド。人気があり、勤務態度や勤怠状況がよく、ルールを守っているメイドが昇格し就任できる）たちが集まる会議と各お屋敷の階長と副階長が集まる会議をおこなっています。（階長とはフロア長のことで、各店舗ごとに階長1名と副階長2名を任命しています）

その時、現場で起きている様々な出来事について相談されるのですが、**必ず世界観に沿って対応策を伝える**ようにしています。たとえば「あちゅあちゅ〇〇」というホットのドリンクメニューがあるのですが、キッチンで完成してからテーブルに運ぶまで少し提供に時間がかかってしまい「これ、ぬるいよ」とお客様からご指摘をいただいてしまった場合、どのように対応するのがいいのかという相談を受けたとします。

私であれば、もちろん最初に謝罪はしますが、それに加えて「もしかしたら、キッチンで働いてる妖精さんが猫舌だったのかもしれません。もう一度作ってもらうようにお願いしてきますね」という伝え方をします。もし飲み物がぬるくなかったら、こんな面白い世界観を聞けなかったな、とお客様に思ってもらえるような返しができれば、不満を抱えていたお客様はむしろ満足してくださいます。世界観を伝えることで、ピンチをチャンスに変えるのです。

このように、あらゆる状況への対応策を伝え続けることで繰り返し世界観が刷り込まれ、いざプレミアムメイドや階長、副階長たちが現場で判断を迫られた時に世界観に沿って対応することができるようになります。

もう一つは、**メイドhitomiが徹底した世界観を持って振る舞い続ける**こと。私はいまでも毎週お給仕に出ています。特定のお屋敷ではなく、各店をローテーションするようにしているのですが、私の姿を見て「メイドの世界観って、こういうことなんだな」というのをわかって欲しいなと思っています。

4

「サブカルチャー」と「伝統文化」

私がメイドを文化にしたいと思いはじめたのは、**舞妓文化との出会い**がきっかけでした。

舞妓文化に出会う前、私はある悩みを抱えていました。

「愛込め」というパフォーマンスがあります。メイドカフェのサービスと言えばこれ！　とメディアに取り上げられることが多いので見たことがある人も多いかと思いますが、ドリンクがもっと美味しくなるように、**「萌え萌えきゅん♡」**とおまじないをかけるというものです。じつはこれは私が発案しました。

あるテレビの取材中にふと思いついて、ドリンク提供時に投げキッスをしてみたのです。すると、想像以上に好評だったので、少しずつセリフや振付けを加えながら現在の形になりました。

もう一つ私が発案したものに**「萌え萌えじゃんけん」**という、振付けをしながら歌ってじゃんけんをするパフォーマンスがあります。お屋敷にいるご主人様全員と代表メイドでじゃんけんをして、勝ち抜いた一人に景品をプレゼントするので、毎回すごく盛り上がります。

これら二つのパフォーマンスはメディアに取り上げられ、一時期ブームにもなりました。しかし、そのブームも去り、定番パフォーマンスとしてお店に浸透しはじめた時、メディアの方から「何か新しいパフォーマンスはないですか？」と言われるようになったのです。

メディアの立場としては取り上げる以上、新規性というのは一つの重要な要素なので、その質問が出てくるのは当然です。

最初はその要望に応えようと、新しいゲームなどを考案してみようと必死でした。これならいけるかもとお店で試してみたこともありますが、結局根づきませんでした。

それもそのはず。「愛込め」も「萌え萌えじゃんけん」も、目の前のお客様を楽しませたいという目的で生まれたものです。けれど、メディアに求められて新たに生み出そうとしたものは、**生み出すことが目的になってしまっていました。根づくはずがありません。**

しかし、このまま新しいものを生み出さなければメディアに飽きられてしまい、取材を受ける機会が減ればまだメイドカフェを知らない層に届くスピードが遅くなってしまう……。だからと言って、お店に根づかないパフォーマンスを延々とおこなっていたら、大事なお客様の心が離れていってしまう……。何が最適解なのか、悩んでしまいました。

そんなある日、舞妓文化について学ぶ機会がありました。私は年に一度、デジタルハリウッド大学で特任教授の梅本克さんと一緒に講義をさせていただいているのですが、そのなかに「舞妓とメイドの比較」というテーマがありました。

丈の長い振袖「裾引」を、歩くとユラユラ揺れる「だらりの帯」で締め、飾りが大きな帯留め「ぽっちり」で華やかに。足元は歩くとこぽ、こぽと可愛らしい音のする「おこぼ」。化粧は白塗り、唇に紅をさして美しく。それが舞妓さんです。舞妓の起源は、いまから約300年前、江戸時代だと言われています。京都の東山周辺の神社仏閣へ参詣する人や街道を旅する人にお茶をふるまった水茶屋の女性が舞妓のはしりだったそうです。

そのような歴史ある**舞妓とメイドの二つの共通点**に気がついたのです。

一つは**ルールがきちんと決まっていること。**舞妓さんには化粧や衣装、話し方に決まりがあります。一方のメイドは指定の制服を来て、決められた世界観のなかで自己表現をします。

二つ目は**定番のパフォーマンスがあること。**舞妓さんの場合は三味線や舞踏、「とらとら」「投扇興《とうせんきょう》」といったお座敷遊びです。そして私たちメイドにとっては「愛込め」と「萌え萌えじゃんけん」がそれに当たるのです。

この時、気づいたのです。お座敷遊びのように、「愛込め」と「萌え萌えじゃんけん」も**時代を超えて受け継がれていくものにするには、長きにわたって磨き続けることが必要**なのだと。

たまに「愛込めってもう古いよね」「萌え萌えじゃんけんをいまだにやっていて恥ずかしくないの？」と言われることがあります。しかし、決してそのようなことはありません。私たちが恥ずかしがっていてはご主人様に楽しさは絶対に伝わりません。それに、**初めてこれらのパフォーマンスを体験するご主人様にとっては新しいとか古いとかは関係なく、楽しい**

かどうかがすべてです。文化には恥ずかしさや古さは感じないので、私は「愛込め」と「萌え萌えじゃんけん」もそのようにしたいのです。

舞妓さんもその世界観や定番のパフォーマンスの良さやしきたりを長きにわたり守り続けて来たからこそ、「文化」になり得たのだと思います。

トレンドやブームを生み出すことももちろん大事ですが、それ以上に私は文化を生み出したいのです。**いまはサブカルチャーと言われているメイドを、歴史を継承し、未来まで語り継がれる伝統文化にしたい**のです。そのために、舞妓文化をモデルケースとし、ルールと定番パフォーマンスを守り進化させていきたいと思っています。

5

「日本」と「海外」

海外から初めて仕事のオファーが来たのは、２０１１年のことでした。タイで開催される「Visit JAPAN FIT Travel Fair in Bangkok」というイベントでライブや撮影会を実施するといったものでした。

オファーをいただく少し前、たまたまユーチューブで「あっとほぉーむカフェ」と検索すると、台湾のアニメフェスの動画がヒットしました。そこでは現地の女の子たちがあっとほぉーむカフェの制服のレプリカを着て、オリジナル曲「ハピハピ♪モーニング」を歌っていたのです。まさか海外の人に知ってもらえて、しかも真似をされるほど愛されているなんて思いもよらなかったので、すごく驚きました。と同時に、現地の人に生のパフォーマンスを見てもらいたい、**もっと海外の人にメイドやメイドカフェを知って欲しいと思ったの**です。そんなタイミングでイベント出演が決まったので、すごく嬉しかったのを覚えています。

実際に訪問して驚いたのは、**メイドやメイドカフェ、オタクや秋葉原が一つの職業や文化として憧れの対象となっていたこと**です。

たとえば「チェックのネルシャツをジーパンにインする」「バンダナをまく」といういわゆるオタクファッションは日本人からすればダサい格好（!?）と思われていますが、海外の人からすると「グレイト！」「クール！」という評価なのです。

また、日本を旅行で訪れた時に行ったメイドカフェの接客に「こんなに自分を受け入れてくれる、優しい接客をされたことはない」と感動していて、**普段私たちが当たり前のようにおこなっていることが海外の人からするとすごく「アメージング！」なのだと気づきました。**

海外に行ったことで、いままで気づかなかった**日本の魅力に気づいたり、もっと伸ばすべき魅力を知れたりと、視野がぐんと広がりました。**

同じ年の12月にはシンガポールで開催された「ｅｏｙ２０１１」というコスプレアニメイベントに日本からのゲストとして出演しました。会場に到着すると、超特大の私のパネルが飾られていたり、チケットにも私の写真だけが印刷されていたりと想像以上の歓迎ぶりでした。その時のライブ会場は約２０００人収容の大型ホールでしたが、満員御礼。終了後にとりおこなったサイン会は日本では経験したことのないくらいの行列ができるなど、信じられないような光景でした。

「日本に行った時に買いました」と完全メイド宣言のDVDや本を持って来てくれる人や、オリジナル曲に合わせてネット動画で覚えたのであろうヲタ芸を披露してくれる人と直接交流することで、こんなにも日本発のメイドが世界に広がっているんだということを肌で感じました。

その後も、アメリカ、中国、台湾、チリ、オーストラリア、インドネシア、マレーシアなど数々の国に足を運び、イベントに登壇しました。

どの国にもすでにメイドカフェは存在して、そこで働くメイドさんたちもやりがいを持ってお給仕をしています。講演会の際、私が彼女たちに伝えるのは、あっとほぉーむカフェ流のメイドカフェの在り方、世界観です。

現地のメイドカフェを訪れると、店の内装などはあっとほぉーむカフェを意識しているなと感じられるのですが、接客やパフォーマンスは日本の私たちのメイドカフェとは根本的に違うのです。要は、見よう見まねで作ったメイドカフェのため、世界観がないのです。それは仕方がないことではありますが、せっかくなら私たちの世界観を知って欲しいと思ったのです。海外にもメイドカフェという業態が広がりつつあるいまだからこそ、私たちが培って来た知識やノウハウ、作り上げて来た世界観を伝えていけば、メイドカフェはもっと求められる場所になるはずです。さらに、**世界観を伝えることでメイドとして働く子たちが「もっとこういうお給仕がしたい」「こういうメイドになりたい」と目標を持ち、メイドとして成長するきっかけになるといいな、とも思っています。**

最近のイベント会場には特設のメイドカフェが準備されていることもあるので、言葉で世界観を伝えるだけではなく、一緒にお給仕をするようにしています。あるイベントでは二日間の特設カフェだったのですが、初日は「おかえりなさいませ」が言えず「いらっしゃいませ」となってしまっていたり、ご主人様と話す際に棒立ちだったりと、お世辞にもメイドカフェらしいお給仕になっていませんでした。しかし、私の振る舞いを真似して、二日目には全員がちゃんと「おかえりなさいませ」と言えるようになっていたり、会話時には膝をついて目線を合わせていたり、さらには「愛込め」もスムーズにできるようになっていたりと、少しずつあっとほぉーむカフェのメイドに近づいていったのです。やはり世界観を伝えるには、**言葉だけでなく体験もセットにすることが大事**なのだと思いました。

このようにたくさんの国々を訪問させていただきましたが、なかでもすごく印象に残っているエピソードがあります。

チリに行った時のことです。初日にウェルカムパーティーを開いてくれたのですが、そこでサプライズムービーを流してくれました。なんとそこにはチリのメイドさんたちだけでなく、メキシコやブラジルなど南アメリカのメイドカフェの人たちがたくさん出演してくれていて、みんな口々に「ｈｉｔｏｍｉ先輩！」「萌え萌えきゅん♡」「頑張ります！」と日本語でメッセージをくれたのです。それを見た時に、自分が思ってるよりもたくさんの女の子たちがメイドという職業に興味を持ってくれているんだな、好きでいてくれているんだな、とすごく嬉しくなりました。みんな何かしらの思いがあってメイドカフェでメイドとして働いている。そんな彼女たちに私は少しでも希望や夢を与えられているんだな、と実感することができました。

さらには、メイドを秋葉原だけの、日本だけの文化に留めていては勿体無いという思いもふつふつと湧いてきました。メイドカフェに関わる人たちが、こんなにも輝いてるのであれば、もっとその**輝く場所を増やしてあげたい。輝くきっかけをもっと作ってあげたい。メイドという職業の素晴らしさを海外にいるメイドたちと共有していきたい。**海外に行ったことで、そんな目標が生まれました。

CHAPTER 4

応援される人になる

1

〝応援され力〟を身につけるマイルール

自分では意識したことはなかったのですが、取材などでこれまでの経験を話していると「ｈｉｔｏｍｉさんは応援されやすい人ですね」と言われることがありました。それを聞いて、この**〝応援され力〟は夢を叶えるために必要不可欠**なのではないかと気づいたのです。

確かに振り返ると、私は常に周囲の人、家族や友人、会社の仲間、お客様の応援を受けて新しいことにチャレンジしたり、壁を乗り越えたりして来ました。きっと応援がなかったらここまでメイドを続けて来られなかったですし、「メイドを文化にする」という大きな夢を持つことも、それに向かって走り続けることもできていないと思います。

せっかく叶えたい夢が見つかっても、応援してくれる人がいなければ叶うスピードが遅くなり、叶った後の影響範囲も小さくなってしまうかもしれません。それは悲しいですよね。

そこで、この章では夢を叶いやすくする、周りの人から応援されやすい人になるために私が大事にしてきたことをマイルールとしてまとめてみました。

自分で「私は〝応援され力〟があります！」と言うのは気恥ずかしいのですが、紹介させていただきます。

2

仕事を全力で楽しむ

仕事をするうえで、ファーストインプレッションでつまらなそうだったり、いまいちやる気が出なさそうだと思ってしまったとしても、**必ず自分が楽しめるところを探す**ようにしています。勉強や部活、アルバイトを通して気づいたのは、私は興味がないことや、やる意味を見出せないものに対しては本当に無関心でやる気が出ない性格なんだなということです。けれど、仕事の場合投げ出すわけにはいかない場面もあるので、まずは**興味が持てるポイントを探す努力をしようとはじめたのが、業務のゲーム化**です。

高校生の頃、ファミレスで働いている時は「お金が欲しい」というのが一番の理由だったので、正直仕事内容は楽しいと思えませんでした。でもせっかく働くなら楽しい方がいいなと思って思いついたのが「お皿を何枚同時に運べるかゲーム」でした。

もともとそのお店では料理を提供する時はトレンチ（お盆）を使わないというルールがありました。ハンバーグがのったプレートやライスが盛られたお皿は腕の部分を使ったり指でうまく挟んで扇形で持ったりするんですが、だいたい多くて4枚です。けれど、私はどうしたらもっと持てるか工夫したり、お皿だけでなくお箸やフォークが入ったケースも一緒に運んでみようと挑戦したり、とにかくお皿運びに命をかけていました。

いま振り返ってみると接客に命をかければいいのにと思いますが、**「ゲーム化することで仕事は楽しくなる」**と気づけたのはすごくいい経験でした。

メイドカフェで働きはじめた頃は、**「あの人来るかな？ゲーム」**をしていました。いまほどのプロ意識もなかった時期に、早く退勤時間になれ！あと何分で帰れる！と感じてしまう時間を過ごすことが嫌で、考えたゲームです。

「今日はこの常連さんが来る気がする！」と勝手に決めて、その方が来店するかどうかを自分のなかで賭けるゲームです。もし当たって来てくださるといつもよりも嬉しいし、来ないとちょっと淋しい……。そんな風に楽しんでいました。

他にも、ミルクやお砂糖を混ぜる飲み物を、ストローで何回できれいに混ぜられるかであったり、オムライスにケチャップでお絵かきする時にどれだけ上手にできるかを試してみたり、本当に小さなことをゲームにしてみました。

このケチャップのお絵かきには、少し苦い思い出があります。「メイドの好きなものを描いて！」というリクエストをいただいたので、張り切ってご注文いただいたご主人様の似顔絵を描いたつもりが、「これはゴリラかな？」と言われてしまいました。自分の画力の無さにガッカリしながらも、ご主人様を傷つけたくなかったので「ピンポーン！ゴリラです！」と正解を変えたこともありました。

業務のゲーム化はいまでもやっています。ここ数年、毎年秋葉原でおこなわれているゴミ拾いイベントに参加しています。寒い中で二時間、軍手をしてゴミ袋片手に街を練り歩く……と聞くとたいへんそうだなと感じる人も多いと思います。そういう人でも楽しめるよう**「ゴミ袋をぱんぱんにするゲーム」**を開催することにしました。制限時間は二時間。目標は参加者中一位。そう設定するとすごく楽しくゴミ拾いができるようになったんです。

現在ではたくさんのメイドさんも参加してくれているんですが、やはり最初はテンションが低いんです。やらなければいけないという義務感で二時間を過ごすよりは、ちょっとでも楽しく過ごせた方が良いのでどんどん周りを巻き込みながら、「ゴミ袋をぱんぱんにするゲームを一緒にやろう」と誘うようにしています。

「ゴミがすごく拾えるスポットがあるんだよ！」「オススメのルートはこうだよ！」とコミュニケーションを取っていくと、だんだんとテンションが上がっていって、最後には楽しかった！　と笑顔で伝えてくれます。ゲーム化してよかったなと感じる瞬間です。

ゲーム化を続けていると自分のモチベーションが上がるポイントがだんだん見えてくるようになります。私は数値目標に燃えるんだな、とか、常連さんが来てくれるとやる気が出るんだなとか。そうなるともう無敵です。どんなにテンションが上がらない仕事も絶対に楽しむことができます。

はじめはモチベーションが上がるポイントがわからないので、ゲーム化しても楽しいと思えないこともあります。**大事なのは、行動せずに見切りをつけてしまわないこと。**絶対に自分が面白いと思えるポイントがあるはずだと、いろいろ調べたり試してみたりする。毎日、小さくてもいいので何か目標を持って、仕事を一回一回やってみる。その小さな積み重ねが絶対、自信につながります。

「今月は遅刻しない」「誰よりも大きな声で挨拶してみる」そういったことでもいいんです。

いきなり大きな結果を求めさせるのではなく、まずは自信をつけさせてあげることが大事だと思っています。もちろん仕事は結果を出すことが大事です。でもせっかくならその過程を楽しんで欲しいので、ゲーム化して業務に取り組むことはすごく良いんじゃないかなと思います。

3

「知らないこと」を恥ずかしがらない

知らないことは恥ずかしいことではありません。知識の無さをマイナスに捉えるのではなく、逆に他の人との差別化ポイントだと思うことが大事なのです。もちろん仕事上必要な基礎的な知識は身につける必要がありますが、**コミュニケーションを取るうえでは無知は武器になりますし、個性にもなります。**

たとえば、お客様とコミュニケーションを取る際、会話の糸口が見つからないと悩んでいる人がいます。私もメイドになったばかりの頃、アキバの文化やアニメやゲームに関してほとんど知識がありませんでした。しかし、その知識の無さがむしろ会話を盛り上げる手助けとなったのです。

お客様が持っているキーホルダーを会話のきっかけにしようと「このキャラクターが好きなんですか?」と話しかけて、「ああ、好きだよ」と返されたとします。キャラクターに詳しくなければそこで会話が途切れてしまうかもしれませんが、私は一歩踏み込んで「可愛いですよね。私、初めて見たんですけど、何というアニメに出てくるんですか?」「どうして髪の毛の色がピンクなんですか?」「衣装って他にもレパートリーあるんですか？」など知らないことをポンポン投げかけるようにしました。すると会話がスムーズに続くようになったのです。

お客様とのコミュニケーションの取り方のコツは、受け身にならないことです。もちろん自分の話を聞いて欲しいという方もいるので、受け身の姿勢が一概に悪いわけではありません。しかし、受け身キャラでいるとお店が混んで十分に話を聞けなかった時「いつもゆっくり話を聞いてくれるのに、今日は全然聞いてくれなかったね」と不満につながってしまいます。「忙しいこと＝悪いこと」と捉えられてしまうのです。そうならないよう、**コミュニケーションの主導権は自分が持つ**ようにします。

限られた時間のなかで最大限満足してもらえるよう、積極的に言葉を発して盛り上げるよう意識しています。

ここで**大事なのは、どのような言葉を投げかけるかということ。**会話はキャッチボールです。豪速球や、コントロールをミスしたボールはキャッチしにくいですよね。どうすれば相手がキャッチしやすいのかを考えて、コントロールして投げることが必要です。テンポよく投げ合うことができれば、たとえ短い時間でも満足度が高まります。

では、相手が受け取りやすい言葉というのは具体的にどのようなものなのかと考えた時、面白い話や楽しい話を振ればいいというわけではないと思います。

自分が昨日観たテレビの話を面白おかしく伝えたとしても、お客様が観ていなければあまり響きません。それよりも、お客様が興味を持っているもののなかから何か一つ要素を抜き出して、そこから面白いエピソードを生み出すことが大事です。

興味を持っているものを見つけるには、まず観察をします。身につけているものなど目に入った情報や、何気ない言葉の端々からいかに相手の好きなものを、早いタイミングで見つけられるかというのはメイドに求められる力の一つです。

無知であることをさらけ出すことに躊躇する気持ちもわかります。私も小さい頃は授業中、先生に指名されて答えられなかったら恥ずかしいと思うなど、目立って失敗したことによって周りにどう思われるかをすごく気にしていました。

しかし、高校生でギャルだった時、世間から勉強ができなくて当たり前、常識を知らなくて当たり前という見られ方をしていたこともあり、**できないことや知らないことに対する恐怖はだんだんなくなっていきました。**

私が働いている会社の組織風土もあると思います。もしすごくかっちりとした組織風土の会社だったら知らないことを武器にしようと思っても、「こんなことも知らないのか」と言われ、おそらく評価につながらないと思います。

エンターテイメントを創り出していく会社だからこそ、足りない部分や欠けている部分に面白さを見出してくれる人が多い気がします。**知らないことは個性だよね、魅力だよねと後押ししてくれる人に囲まれていて、恵まれている**なと感じています。

数年前、(株)スペースシャワーネットワークの関連会社になった直後に参加した幹部層が集まる会議での私の様子を見て、「ｈｉｔｏｍｉさんってすごいね。こんな大人に囲まれて、全然ものおじしてないよね」と言われたことがありました。自分よりひと回りもふた回りも年上の人に囲まれて、しかもその人たちが経営やマネジメントのプロだった場合、萎縮してしまいそうなものなのに、私が堂々としていたのが不思議だったようです。

知らないことがあれば聞けばいいだけのことですし、何より自分がその場に呼ばれていることは何かしらの意味があるはずです。**期待されている役割があるはずです。大事なのはそれを全うすることで、単に恥ずかしいからという気持ちでわからないことを聞かずにいることの方が駄目**だと思っています。それに、知ったかぶりをしたことで、のちにそれがコミュニケーションのミスにつながり大きなトラブルになってしまう事態も十分にあり得ます。リスクヘッジという観点からも、**わからないことはそのまま放置しないこと**が大事です。

お客様との会話も同じで、知らないことを突っ込まれても会話が続かないからと躊躇してしまってはいつまで経っても受け身のコミュニケーションになってしまい、満足感を提供できません。

繰り返しますが、**知らないことは恥ずかしいことではありません。むしろ強みになる**のです。

4

チャンスは全力で掴む

「チャンスの神は前髪しかない」ということわざがあります。

チャンスが目の前に来た時、掴むことができるのはほんの一瞬で、後から捉えることはできない、という意味です。

私はチャンスが目の前に来たら、とにかく全力で掴みに行きます。できるできないはあまり考えません。なぜなら、悩んでいる間に他の誰かに取られてしまうからです。

できないかもしれない、失敗してしまうかもしれない、という不安があるのもわかります。けれど、目の前にチャンスがポンッと現れたということは、多少なりとも自分に可能性があるということです。

「リーダーになってみない？」

「この取材を受けてみない？」

という提案を受けたということは、前提として任せられると思っていただいているはずです。渋ったり、断ったりということは自分で自分の可能性を狭めてしまうことになります。

ちょっとでも貢献できる何かがあるなら、迷わずに「やります！」と言う。たとえ失敗したとしても、挽回するチャンスをまた掴みに行けばいい。そう思います。

特に、これは新人メイドによく話すのですが、経験値があまりないうちはとにかく何にでも挑戦するのがいいと思っています。年次が上がるほど責任感やプレッシャーで失敗に対する恐怖が増して、なかなか「やります」と言えなくなってしまいます。

しかし、新人であれば言い方は悪いですが、失うものが何もない。すごく身軽なんです。失敗してもそれは成長の糧になるし、成功したら自信につながります。

チャレンジすれば結果がどうであれ、得られる果実があるんです。だから、躊躇せずに来たチャンスは掴みに行って欲しいなと思います。

5

期待に応え続ける

単に面白そうだからという理由でメイドの世界に飛び込んだ私は、当然「自分に何ができるのか」「得意なことはなんなのか」がわかりませんでした。そこで、**とにかく目の前の人の期待に応えることを意識**するようにしました。

期待に応えるためには、相手が自分に求めていること、つまり目的を知ることが大事です。

先日ある企業さんから社内講演会に登壇して欲しいという依頼をいただきました。近年、女性社員の方が増えているので、ぜひエールを送って欲しい、と。

担当の方に確認したのは、参加した社員の方々に講演を聞いた後どう感じて欲しいのか？ということです。ゴールが明確になれば、あとはそこから逆算して、自分がすべきことを考えるだけです。講演会のゴールは「女性社員の方に、社内でキャリアアップを目指そう！と思ってもらう」こと。

そこで、アルバイトから経営幹部になった過程と、そこで感じた葛藤、どう乗り越えていったのかをできるだけポジティブに伝えるよう意識しました。過去の失敗談だけでなく、まさにいま抱えている不安など自分の弱いところを全部さらけ出すことで、私のことを身近な存在に感じてくれたらいいな、「私にもできるかもしれない」と勇気を持ってもらえたらいいな、そう思いながらメッセージを送りました。

目的にさえかなっていれば、結果はついてきやすいのです。うまくいかなくても、目的から逆算して実行すべきことを明確にしているので、どこが駄目だったのか振り返りがしやすくなります。振り返りがきちんとできていれば、次に似たような案件が来た時に反省を活かすことができます。

繰り返しになりますが、**何か依頼をされた時は目的を明確にすることが大事**です。憶測で「きっとこういうことを求めているんだろう」と決めつけず、相手が求めていることを正確に理解することが大事です。期待に応えよう、という姿勢は必ず相手に伝わります。だからこそ、仕事相手であれば「また依頼しよう」と思ってもらえるし、お客様であれば「また来店しよう」と思ってもらえるのです。

目的を知る以外にもう一つ大事なことがあります。それは、**自分の魅力を把握しているこ**

とです。自分の魅力や強みを知らなければ、目的を達成するためにそれらを活かすことができません。自分の魅力を最大限発揮する力のことを「自己プロデュース力」と呼んでいます。
これはメイドにとって必要な能力の一つです。

自己プロデュース力はその子たちがやりたいことや得意なことを、よりキャラクターとして成立させ、伸ばしていく力です。しかし、ただ自分がやりたいものだけを表現しようとしても、成り立たないのがメイドという世界の面白さです。ご主人様、お嬢様たちから何を求められているのかをきちんと汲み取ることが大前提です。あっとほぉーむカフェのメイドのなかで人気がある子やプレミアムメイドを見ると、それがきちんとできている子が多いように感じます。

あっとほぉーむカフェにはメイドの世界観があります。○○なお屋敷に○○なご主人様、お嬢様がご帰宅する。だから、私たちメイドは○○な気持ちでお給仕をしている、という世界観です。ただ、それはあくまでもストーリーの設定で、そこに出てくるキャラクターは自分で作っていかなければなりません。あっとほぉーむカフェのメイドの世界観のなかで、自分なりのキャラクターを確立させることが必要なのです。

スポーツでたとえると、プロ野球球団に入る選手は、だいたい高校時代に各強豪校の4番バッターやエースのポジションにいる人です（入団ルートは近年多様化していますが）。一人ひとりはすごく実力があるけれど、一つの球団では一人しか4番になれないですし、全員が4番になる必要はないのです。大事なのは、**なぜ自分がここにいるのかを理解する**ことです。球団の目標は一人の選手だけが目立って活躍することではなく、チームとして優勝することです。チームを優勝に導くために自分は呼ばれたんだということを理解して努力できる人が、球団にとってなくてはならない存在ですし、結果的に活躍することができるのです。

戦略としてバントをしなければならない場面もあります。チームのことを考えれば塁に出ることがベストですが、そこで自分が目立つことを優先させてホームランを打ちたいとばかり望んでしまうような人は、いくらプレイヤーとして優秀でもチームにとっては必要ないと判断されてしまいます。

また、**キャラクターの強さはいくらでも伸ばしていくことができる**ので、大きな武器になります。正直、ビジュアルが良い人は、スタート地点で他の人より一歩リードしていますが、それは後からいくらでも追い越すことができます。ビジュアルよりもキャラクターがメイドの魅力を決定づけるのです。だから自己プロデュース力が重要なのです。

自己プロデュース力を高めるための第一歩は、とにかく自分のことを好きになってあげること。自分の魅力にしっかり気づいてあげることです。

接客のシーンを思い浮かべてみてください。

あなたはテレビで見たお人形に一目惚れして、それを買うために一生懸命仕事をしてお金を貯め、お店に買いに行きました。わくわくしながら店員さんに「テレビで紹介されていたお人形はありますか?」と聞いたとします。

その時に「はい、こちらになります。ちょっと触ってみてください、すっごくふわふわしているんですよ。そしてじつはこの人形、中に手を入れて動かすことができるんです。こんな風に動かすと、すごく可愛いんです」と言われたら、テレビで見た時以上に人形が魅力的に感じて、より欲しくなると思います。

もし店員さんに「紹介されていた人形はこちらです。ふわふわしていて可愛いですよね。中に手を入れて動かすこともできます」と言われたらどうでしょうか？　あなたはどちらから購入したいと思いますか？　二人とも伝えるべき情報は伝えていますが、一人目は特徴を伝えながら実際に触らせてくれたり、動かして見せてくれたりしたのに対し、二人目はただ特徴を伝えただけ。同じ人形なのに、見せ方次第で魅力の伝わり方が変わってくるのです。

この例を通して私がメイドに対して伝えているのは、人形を買いに来ている人がご主人様やお嬢様で、人形がメイドｈｉｔｏｍｉ、店員さんを志賀瞳に置き換えて考えてみて欲しいということです。志賀瞳はメイドｈｉｔｏｍｉの良さ、売り、可愛い動かし方など魅力を理解してなければいけない。一つでも多くの魅力的なポイントを知っていることで、メイドｈｉｔｏｍｉをより輝かせられる。逆に言えば、志賀瞳がメイドｈｉｔｏｍｉの魅力をあまり理解してなかったら、せっかく可愛いメイド服を着ていても、より魅力を引き出すことができません。

自己プロデュースができる人は、自分の魅力をきちんと理解し、認めてあげている人です。自分をよく見せるのも悪く見せるのも、自分の意識次第なんです。素敵だな、大好きだな、と思えないものを人に「良いな」と思ってもらうことは難しい。だから、まずは**自分を好きになることが大事**なんです。それがメイドのクオリティーを上げる近道です。

なかなか自分の魅力が見つけられないなと思ったら、ご主人様やお嬢様、周りの人に褒められたことを思い出してみるのが良いと思います。

日本人は褒められると「そんなことないですよ！」と謙遜しがちですが、とにかく自分の良さをたくさん見つけたいなら、「なるほど、それが私の魅力なんだな」と受け入れた方がメイドのクオリティーアップにつながります。

目的を理解して「じゃあそのために私ができることは何だろう？ 活かせる強みは何だろう？」と考えて実行に移す。これが期待に応えるための秘訣です。

6

つらい時はスイッチを切り替える

よく、志賀瞳とメイドｈｉｔｏｍｉの別々のキャラクターを両立させることで疲れてしまうことはありませんか？　と聞かれることがあります。けれど、私のなかでは二つのキャラクターが存在しているというより、キャラクターは一つで、単に視点を切り替えているイメージです。

視点を切り替えるスイッチを押せるようになると、精神的にすごく楽です。後輩と一緒にメディアの取材を受けた時、彼女がうまくやりとりができずに口ごもってしまったとします。ｈｉｔｏｍｉの視点だと「せっかくメディアに出られるチャンスなのに勿体無い。準備が間に合わなかったのかな？　インタビュアーさんも私に振ってくれたら、この困った雰囲気を明るくできるのに」とモヤモヤしてしまいます。

志賀瞳視点に切り替えると「事前に取材を受ける時に聞かれやすい質問集を作っておけば、どのメイドがインタビューをされてもあっとほぉーむカフェの世界観が伝わるような受け答えができるな」とポジティブに捉えて次への対策を考えることができます。

メイドからの相談や愚痴を聞く時もｈｉｔｏｍｉ視点だと「メイドという仕事に、もっとプライドを持ってもいいのにな」と悲しくなってしまうことがあるのですが、カチッとボタンを押して志賀瞳視点にすると一人の女性として**「そういうこともあるよね」と共感し耳を傾けることができる**ようになります。

こんな風に視点の切り替えができるようになったのは、社長になってからでした。

正直、会社でのさまざまな決定についてすべて正しいと思えたわけではなく、ｈｉｔｏｍｉとしては納得できない場面もありました。けれど「会社として」考えた結果、私に任されたことなのであれば、「なぜそう決めたのだろう?」と考えることも必要です。

理解しようとせずに直感で「嫌だ!」と反発してしまえば、会社にとって「思いをくんでくれない存在」になってしまいます。大好きな会社だからこそ、「その決断をするには理由があるのだろう」と受け止めて、試してみるようにしていました。

リーダーとして会社のスタッフと関わるようになったり、経営サイドの会議に参加するようになったりするうちに、会社として実現したい目標がわかってきました。

メイド視点だと納得はできないことでも、経営の観点から見ると実行すべきだなと理解できるようになっていったのです。このあたりからスイッチの切り替えができるようになっていきました。

このスイッチは、たとえば仕事で注意を受けた時にも役に立ちます。

よく、上司に怒られたりお客さんにクレームをつけられたりして「人格が否定された」と捉えてしまう人もいると思います。おそらく真面目な性格ゆえにそう感じてしまうのでしょうが、それが原因でメンタルを病んでしまう人もいるかもしれません。けれど、そう捉えてしまうのはプライベートの自分で受け止めてしまっているからです。

もし**ビジネスパーソンの自分にカチッとスイッチを切り替えられれば、注意されたのは仕事のやり方や、成果物に対してであって、パーソナリティーを非難されているわけではないと捉えることができます。**切り替えのスイッチが押せるようになれば、もっと仕事がしやすくなるだろうと思います。

7

ものさしを押しつけない

あっとほぉーむカフェでバイトするメイドさんは学生が多く、初めてのバイトだという人や社会経験がほとんどない人ばかりです。私自身もそうでしたが、学生の頃は目上の人に対するマナーがきちんとなっておらず、特に年齢が近い新任の先生が相手だとほぼ友達感覚で接してしまっていました。タメ口で話したり、言うことを聞かなかったり。あっとほぉーむカフェのメイドのなかにも、まさに学校と同じで、社員に対して敬語を使えなかったり、注意に耳を傾けなかったりする人が残念ながら少なからずいます。

ここで**大人がやりがちなのは、すぐに注意することです。まずすべきなのは注意ではなく理解です。**学生で、バイトも初体験だったらマナーを身につける機会がなかったんだろうな、と相手の立場で物事を考えるようにします。この時必ずしも共感はしなくていいと思います。ただ相手のことを理解する。

理解をしていないうちに注意をしてしまうと、「どうしてこんなこともできないの？」という怒りが先行して、ストレスを感じてしまいます。理解してから注意すればあまり感情的にならずに済むので、ストレスは感じませんし、伝え方も柔らかくなります。そうすると注意された方も聞き入れやすくなるのです。

このように「**自分のものさしで相手を見ない**」というのはずっと心掛けています。

自分にとっての当たり前は、相手にとっての当たり前ではありません。育ってきた環境や文化が違えば、その人にとっての「当たり前」は異なります。知らなかっただけで、悪いことだとわからずに、その態度をとってしまったのかもしれません。その違いに目くじらを立てるのではなく、お互い理解して歩み寄ることが大切なのではないかなと思っています。

私も結婚し夫と暮らしていて、すごく仲は良いもののやはり私にとっての当たり前と彼にとっての当たり前は異なります。どちらが良い悪いの話ではないので、お互いが納得できる落とし所を探しながら生活を営んでいます。

実際に**価値観が異なる人や当たり前の基準が異なる人と歩み寄る**ために、私は二つのことを意識しています。

一つは**最後まで全部聞いてあげること。**相手の話を最後まで聞くことは意外に難しいです。

途中でつい反論したり口を挟んだりしたくなってしまいますが、そこはぐっと堪えます。むかしは話を聞いている途中でムッとしたり、なんか違うよね？　と思ったりしたらすぐに遮ってしまっていました。でも、もしかしたら、その話の最後に相手の本心だったり落とし所になりうる提案だったりが来たかもしれない。けれど口を挟んでしまったら、そこに行き着くことはできません。だからどんなに言い返したくなっても我慢して、まずは**最後まで話を聞く。そのうえで「あなたはそう思っているんだね」と理解し、「私はこう思うよ」と意見を伝える**ようにしています。

二つ目は**相手の言葉で話すこと**。文化や常識が異なる人同士でコミュニケーションを取る時、どちらの言葉に合わせるのかはすごく重要です。私の場合、できるだけ相手の言葉を使って話すようにしています。相手にいきなり自分の言葉で色々なアドバイスや指示をしてもほぼ伝わりません。信頼関係が築けていない時期ならなおさらです。まずは**相手と同じ言葉を使ってコミュニケーションを取り、徐々に私の言葉を伝えていく**ようにしています。

この二つは、特に後輩を教育する場面ではすごく大事です。毎月、「ｈｉｔｏｍｉ部屋」

というメイド向けのお悩み相談時間を設けています。相談に来るということはいまの状況を変えたい気持ちがあるということなので、最終的に答えは出してあげるつもりではいますが、まずは最後まで話を聞くことに徹します。

うまく自分の気持ちが話せない子に対しては、「私の立場とか、まったく気にしないでいいよ」と伝えて安心してもらったうえで、「全部話してみて」と促します。誰でも、自分の悩みが第三者に伝わってしまうかも、という怖さはあります。それを取り除いてあげることが大切です。

ぽろぽろと出てきた感情に対して、「どうしてそう思っちゃった?」とその子がいま現在、抱えているしこりみたいな部分を全部出してもらう。そしてそこになるべく共感してあげます。その子が話しやすいような雰囲気にするために相槌は打ちますが、「でもね」など遮るような言葉は絶対に言いません。すべて吐き出してもらった後、その子に本当はどうしたいのかを聞きます。

不思議なもので、いくら悩んでいたとしても、**負の感情を一度全部吐き出してしまうと、その後に出てくる言葉はポジティブなものに変わっていきます。**ポジティブな発言が出てくるまではじっと待つようにします。これがなかなかたいへんで、遮ってアドバイスをはじめてしまう人がほとんどなのですが、絶対に駄目です。我慢です。

「本当はこうしたかった」「こんなメイドになりたい」など、悩みが生まれるもととなっていた**自分の理想の姿がようやく出てきたところで、「じゃあこうしてみたらどうだろう？」とアドバイスを伝える**ようにしています。その子なりの理想像があることを、私はとても嬉しく思います。志を持っている子だとわかったからこそ、楽しく働ける方法を一緒に見つけたいなと心の底から思うのです。

相談を受けた時のスタンスは、あっとほぉーむカフェ発の音楽ユニットとしてメジャーデビューを目指していた頃の経験からきています。

ＴＥＡＭ純情のメンバーとして音楽活動をするうえで、プロデューサーの思い描く未来に共感はしていたものの自分の気持ちが追いついていない時期がありました。

それを相談しに行った時、プロデューサーは何度も何度も説明をしてくれたのですが、私に理解できる力がまだありませんでした。お互いの言葉がうまく通じず、「もう、言ったとおりにやってくれればいいよ」と言わせてしまったことは苦い思い出です。

プロデューサーなりに考え尽くして決めた決定なので「とりあえず従ってくれ」というのはある意味正しくはありますが、私には自分のなかで答えを出していないこと、**納得していないことをやり続けるモチベーションを保つことがとても難しかった**のを覚えています。

だから後輩のメイドに対しても「お給仕が楽しくないんです。どうしたらいいですか？」と相談された時「じゃあここをこうしてみたら？」とはすぐに言わないようにしています。なぜ楽しくないのかをまず聞く。抱えている感情を全部聞く。本人はどうしたいのかを聞く。そうやって初めてアドバイスをするようにします。

正直、一度相談を受けただけで解決するとは思っていません。その子にとって劇的に働きやすくなったり、モヤモヤが完全になくなったりすることは少ないと思います。けれど、私と話したことで少しでも前向きになれたら、その時間はすごく意味があることだと思っています。

私と話したことを踏まえて、自分が抱えている悩みをあらためて整理して、ちょっと仕事を頑張ってみて、それでまたうまくいかなかったらまた相談しに来て欲しい。

仕事を続けるうえで、困った時に頼れる存在でありたいなと思っています。

8

一緒に働く仲間を大事にする

基本的にお客様を大事にするというのは仕事をするうえで当然重要です。しかし、**お客様の主張を全部受け入れることが必ずしも正しいことではありません。**

「あのスタッフの接客態度が悪い」とクレームが入ったとします。

その際は、事実を確認することなく100%スタッフに落ち度がある前提で対応しないようにしています。もちろん、お客様に不快な思いをさせてしまったことに対してはきちんと謝罪します。しかし、頭ごなしにスタッフを叱ることはしません。必ず事情や言い分を聞き、こちら側に非があればあらためてお客様に謝罪のうえ、同じようなことが二度と起こらないようスタッフと一緒に対応策を考えます。

そうしなければ上に立つ立場としての信頼を失ってしまいます。どんなにいいサービスを提供していたとしても、**働くメンバーがトップに不信感を抱いているお店は長くは続きません。**

私にとって、一緒に働くメンバーはとても大切な存在。何よりも宝物です。だからこそ、彼女たちが理不尽に責められたり傷つけられたりすることは許せないのです。

以前、プレミアムメイドに就任した子に対して、「本当にプレミアムメイドになれるの？その能力が君にあるのかな」とおっしゃっていた常連さんがいました。

その方は常連さんのなかでも来店頻度が高かったので、もしかしたら親心からそのような言葉をかけたのかもしれません。しかし、言われた本人はショックを受けて泣いてしまったのです。私はその子のプライドや自信が踏みにじられたことが許せず、常連さんに「そういうことは言わないでください」と直接言いに行きました。

いま思えば、もっと言いまわしに気をつけたり、そもそも常連さんがそんな発言をした真意をきちんと聞いたりすればよかったなという反省はあります。ただ、その時はどうしてもメンバーを守りたいという一心でした。

お店のなかだけでなく、ＳＮＳ上でもメンバーが嫌な思いをしていたら絶対に守ります。「この前ご主人様にブスに興味ないから話しかけないでって言われた」とツイートしていたメイドがいました。

私はそれを見て、引用リツイートの形で「うちの可愛いメイドにそんな酷いこと言わないでください。いくらご主人様とメイドという立場であろうが言っていいことと悪いことがあることくらいわかりませんか？　メイドである以前に一人の女性として傷つきます。」とコメントしました。

あっとほぉーむカフェはご主人様からいただいたお金があるからこそ営業し続けることができます。だけど、それは人としての尊厳を傷つけていい理由にはなりません。**お金を出しているんだから何を言っても、何を要求してもいいなんてことは絶対にありません。モラルは守るべきなので、それができていない人に対しては厳しく対応します。**

この二つの事例はたまたまメンバーが傷つけられたことを目に見える形で知ることができたのですが、ほんの一部だと思います。傷ついても一人で抱え込んで人知れず悲しんでいる人もたくさんいるのでは？　と思っています。

だからこそ、ちょっとした**変化に気づけるよう常にコミュニケーションの場を多く設ける**ようにしています。

9

迷ったら、淋しさを選ぶ

「ミッキーマウスになれ」

当時のオーナー・小田さんにそう言われたのは、完全メイド宣言時代、ちょうどメイドhｉｔｏｍｉ個人としてもメディア取材を数多く受けるようになった頃です。hｉｔｏｍｉの知名度は上がっていくのに、取材対応に時間を取られていた私はお店に立てなかったり、立てたとしても店内取材で接客に出られなかったりする日が続いていました。

せっかくhｉｔｏｍｉを知って、あっとほぉーむカフェに来てくれたお客様と、肝心の私が話せないことにもどかしさを感じていました。同時に、大好きな接客ができないことへの淋しさも感じていました。

初めて来店された方からは「話せると思って来たのに、がっかり」と言われ、常連のお客様からは「hｉｔｏｍｉちゃんがきっかけで来るようになったけど、なかなか話せないから応援のしがいがない」と言われる。テレビではhｉｔｏｍｉがメインで出ているけど、お店に行ってみたら他の子の方が人気だった様子を見て「客寄せパンダだ」と揶揄されることもありました。そんな状況が悔しくてたまりませんでした。

メイドのやりがいは接客にあると思っていましたし、**接客こそがメイドの役割だと考えていたので、取材対応ばかりしている私はメイドとしてどうなんだろうと、自信すら無くしていました。**

追い討ちをかけるかのように、私のことを快く思わない先輩メイドから「なんであの子ばかりテレビに出ているの？」「取材対応に浮かれていて全然仕事をしていない」とわざと私に聞こえるように嫌みを言われるようになりました。悪口を言われることはそれまでも経験があったので、我慢することはできました。けれど、その悪口を直接私だけでなく、ご主人様にも言うのは我慢できませんでした。いままで築き上げて来たメイドｈｉｔｏｍｉというキャラクターが壊れてしまうし、それでご主人様が離れたらあっとほぉーむカフェにとってもマイナスです。営業妨害です。私はメディアに出ることであっとほぉーむカフェをより多くの人に知ってもらい、お客様を増やす努力をしているのに、どうしてこんな足を引っ張られるようなことをされるんだろう？　と悔しい気持ちでいっぱいでした。

そんな時に言われたのが、先ほどの「ミッキーマウスになれ」でした。

「ディズニーランドに行ってミッキーマウスに直接会うことはほぼない。たまに握手したり写真を撮ったりすることもあるけど、それが目的で全員がディズニーランドに足を運んでいるわけじゃない、でも、ミッキーマウスというキャラクターがいなかったらディズニーランドじゃないし、ディズニーランドのなかには実物がいなくてもミッキーの存在を感じるやろ。会えなくてもその存在には大きな意味がある。もし、あっとほぉーむカフェがディズニーランドを目指すなら、絶対にミッキーマウスが必要だと思う。だから、お前がミッキーマウスになれ」と。

じつはこの時、忘れていたある記憶が蘇りました。

偶然にも、私の将来の夢は「ミッキーマウス」だったのです。

初めてディズニーランドに行ったのは、物心つく前。実家には、私と弟が色違いのジャンパーを着て手をつないで園内を走っている写真が残っていて、おそらくそれが初のディズニーランドだったのだと思います。家がディズニーランドに割と近かったということもあり、小学生になると家族とだけではなく、友人とも行くようになりました。個性豊かなキャラクター、思わず踊りだしたくなるようなワクワクする音楽、おとぎの国に出てくるような建物……。そんな夢の空間が大好きで、いつも門限ギリギリまで遊んでいました。

そしてディズニーランドの顔であるミッキーになりたいと強く思うようになったのです。太陽のようなシンボル的存在に自然と惹かれたというのもありますし、人気者への憧れもあったのだと思います。

私は引っ込み思案ではあったけれど、家族の前では人を笑顔にするのが好きな子どもだったので、**ミッキーマウスのように何かキャラクターを被れば、恥ずかしがらずに人前で自分をさらけ出せるのではと思っていた**のかもしれません。

大人になると、ミッキーマウスのエンターテイナーとしての魅力に気がつきました。

ゲストを楽しませるために、いつでもどこでも一生懸命。スマートさとチャーミングさを持ち合わせているジェントルマン。

どんな時でもゲストに少しでも楽しんでもらおう、笑顔になってもらおうと、パフォーマンスをしています。出会った人たちに笑顔や癒しを与え続けているその姿は本当に素晴らしいし、とても尊敬しています。

そんなミッキーのような存在に私もなる。メイドｈｉｔｏｍｉというキャラクターで、来店してくださった方々に精一杯お給仕する。そして、あっとほぉーむカフェをディズニーランドのような、訪れるだけで癒され、笑顔が溢れるテーマパークにする。そのためにいま私ができることは、メディアに出てあっとほぉーむカフェの知名度を上げ、来店してくださる人を増やすことだと覚悟が決まりました。

メイドはフードやドリンクを運ぶだけが仕事ではありません。会話で楽しませたり、歌やダンスといったパフォーマンスで楽しませたり、それ以外にもたくさんの仕事があります。

そのなかで私はメディアに出てPRするという仕事を担っています。たとえ嫌みを言われたとしても、任せてもらっている限り取材対応の仕事からは降りない。それに、もっともっと結果を出せれば周囲の見方も変わるはず。そう思ったのです。

ある日、そんな覚悟を揺るがす出来事が起こります。それは、当時の社長でありプロデューサーでもあったミハさんの退社と完全メイド宣言の解散です。

ミハさんは、ギャルだった私の採用を決め、当時社会の常識もルールもわからない私を一から育ててくれた恩人です。基本的な挨拶やマナーはもちろん、特に「楽屋は来た時よりもきれいにして返す」ということには厳しく、いまでも取材などで楽屋を使用する時は気持ちが引き締まります。また、「こうして活動できているのはたくさんの人が動いてくださっているおかげ。いくら人気が出ても天狗になっては駄目」と、謙虚な心を持ち続けることの大切さを教えてくれたのもミハさんでした。

完全メイド宣言が結成されたのは入店してすぐ、高校生だった私にとってあっとほぉーむカフェでの毎日は、学校の文化祭のような感覚でした。メンバーとは本当に仲が良く、そのなかにはもともと高校の同級生で一緒にあっとほぉーむカフェの面接を受けて入店した友人もいました。心無い言葉を投げてくる先輩メイドがいるなかでも、気丈に振る舞えていたのはメンバーのおかげでした。そのくらい心の支えになっていました。

活動は順調でしたが、ミハさんの退社をきっかけに私とともにグループのダブルセンターを務めていたメンバーが新たな夢を叶えるために卒業することになったのです。それをきっかけにメンバーで話し合い、ユニットは解散することに……。残りのメンバーもユニット解散と同時にあっとほぉーむカフェも辞めることとなったのです。なんとそこには友人も含まれていました。

メイドが天職なんだと気づかせてくれたミハさん。なんでも相談できて、一番の理解者である友人。ダブルセンターとして一緒に努力してきたメンバー。

心の拠り所としていた人たちが一気にいなくなる不安と淋しさに耐えられず、「辞めないで」と説得もしました。しかしそれは叶わず、ついに解散ライブの日を迎えてしまいました。

会場には700人以上のファンが集まってくれました。こんなにもたくさんの人が完全メイド宣言を応援してくれているのに、なぜ解散しなければならないんだろう。最後の挨拶でも私は「みんながやめるのは淋しい。嫌だ」と感情を露わにするなど、なかなか受け入れることができませんでした。ですが不思議なことに「私も店を辞める」という選択肢は一瞬もよぎりませんでした。

むしろミハさんやメンバーの思いが詰まった**あっとほぉーむカフェという場所を守り続けるのは私しかいない、という使命感が芽生えた**のです。

そして最後のミハさんの一言で、覚悟が決まりました。「これからのあっとほぉーむカフェにはhitomiが必要だし、何よりhitomiはメイドが天職だよ！」と。

さらに「一緒に頑張ろうね、これからもずっと応援していくよ」と言ってくださった常連の方々の存在も大きな支えとなりました。

私は一人じゃない。色々な人に支えられてここまで来たし、その人たちの思いにこれからも応えていきたい。あっとほぉーむカフェをもっともっと素敵な場所にしたい。

私にとって淋しさは次のステップに進むタイミングを教えてくれる大切な感情です。淋しい方を選ぶと覚悟が決まります。そして、覚悟が決まると自然とその姿を見て応援してくれる人が周りに集まって来ます。

だから、迷ったら淋しい方を選ぶ。そう決めています。

CHAPTER 5

私が見つけた、叶えたい夢

1

メイドを文化にする

本書の「はじめに」でも触れましたが、**私の夢は「メイドを文化にすること」**です。

まだまだメイドカフェはサブカルチャーと称されています。サブカルチャーとは主流ではないということ。少数の人から支持されている状態です。私はこれをメインカルチャーにしたいのです。そのためにはもっとメイドやメイドカフェの世界観を広めていく必要があります。あっとほぉーむカフェやｈｉｔｏｍｉの知名度を高めていく必要があります。

私は何か大きな一つのきっかけのようなものがあったから「メイドを文化にしよう」と思い立ったわけではありません。

根拠のない自信をお守りに、健全な反発心を大事にしながら、たくさんの経験を一つずつ積み重ねていくなかで、「こうなったらいいな」「もっとこうしたいな」という希望や願望がいくつも生まれました。

それらがいつしか「メイドを文化にする」という夢に育ってきたのです。

2

『プロフェッショナル 仕事の流儀』での結婚・出産の公表

私がメイドになった当初秋葉原では、派手に主張するのはメイドらしくないという風潮がありました。制服は長袖・ロングスカートで、華美なアクセサリーはつけない、クラシカルなスタイルが基本でした。

そのため、半袖・ミニスカートの制服で、リボンなどでデコレーションしたカチューシャを着け、さらにライブパフォーマンスもしているあっとほぉーむカフェのメイドは「あれはメイドじゃない。アイドルでしょ」と揶揄されることもありました。

テレビ取材が入っても、他のメイドカフェとは違う面白い場所——言い方は悪いですが〝イロモノ〟として紹介されてしまうことがありました。しかし、諦めず、自分たちの信念を曲げず、あっとほぉーむカフェらしいスタイルを貫き続けたことで徐々に周囲の反応も変化してきました。その一つの到達点が、流行語大賞トップテン受賞でした。

メイドではないと言われ、イロモノ扱いされていたはずのあっとほぉーむカフェが、「メイドカフェの代表例」として世間に認知されはじめたのです。

流行語大賞のように、組織の規模や影響力が大きければ大きいほど認定されると箔がつきます。この「箔がつく機会」をいくつも継続的に設けることが文化にしていく過程で重要なのではないかと思っています。秋葉原観光親善大使や大学の外部講師就任、海外のフェスにゲストで呼ばれることもそうです。

狙ってできることではありませんが、お声をかけていただくに足る実績を地道に積み重ねていくこと、自分たちの取り組みを発信し続けることがすごく重要だと考えています。

そんななかでぼんやり描いていたのは、**『プロフェッショナル 仕事の流儀』や『情熱大陸』など、各業界のトップランナーが特集されるテレビ番組に出演するという夢**です。

「絶対に無理だ」とは思っていませんでしたが、過去の出演者を見るとたとえばイチローさんや松本人志さんなど誰がどう見ても一流の人だとわかる人たちだったので、そこにメイドという職業でｈｉｔｏｍｉが取り上げられるというのはまさに夢のような出来事だと感じていました。

そのため、『プロフェッショナル』への出演オファーが来た時は本当に驚きました。『プロフェッショナル』は、超一流のプロフェッショナルに密着し、その仕事を徹底的に掘り下げるドキュメンタリー番組です。じつは、オファーは二回いただいていました。

一回目は、単独出演ではなく秋葉原特集のなかのいち出演者、という形でした。しかし、その企画は流れてしまい、出演は叶いませんでした。残念ではありましたが、私も会社も、そう簡単に出られるとは思っていなかったので、まぁ仕方ないよねという心持ちでした。

二回目のオファーはその半年後でした。驚いたことに、今度は単独出演での依頼だったのです。夢にまで見た、『プロフェッショナル』への出演。未だ偏見の多いメイドという職業が取り上げられるということ。プロのメイドとしてあっとほぉーむカフェのｈｉｔｏｍｉが出演するということ。これは絶対に、ｈｉｔｏｍｉにとって、あっとほぉーむカフェにとって、さらにはメイド業界にとって大きな転機となる。一つの夢が叶った嬉しさと、メイド界の行く末を背負っているという使命感からくる緊張とで迎えた打ち合わせ当日。

ここで初めて私は、結婚して出産していることを伝えました。

せっかく密着してくれるならば**私のすべてをさらけ出そうと決めた**のです。そのうえでどのような切り口で編集するのか、どのようにメイドｈｉｔｏｍｉと志賀瞳の姿を映し出すのか、『プロフェッショナル』制作スタッフの方々に預けようと考えたのです。

密着期間は約３ヶ月。２０１９年3月から5月にかけておこなわれました。

番組では使われませんでしたが、香港のイベントに参加している様子や、ママ友と集まっているシーンも撮影してもらいました。ちなみにママ友の一人は、一緒にあっとほぉーむカフェに入り、完全メイド宣言として共に活動した高校の同級生です。彼女も私と同時期に出産していて、あらためて不思議な縁を感じました。そのような感じで仕事からプライベートまで隈なく密着していただきました。

完成したＶＴＲはメイドカフェをこの国の文化にすべく奮闘する「メイドｈｉｔｏｍｉ」に着目したシーンと、一人の女性「志賀瞳」として子育てに取り組む様子をクローズアップしたシーンで構成されていました。

正直、放映されるまでは不安でした。密着中は台本もなく、本当に素をさらけ出した状態を撮っていただいていたので、素敵なVTRを作っていただいたものの、私の行動や価値観が本当に視聴者の心を動かすのだろうかと自信が持てませんでした。一人の視聴者として、番組の偉大さを知っているからこその不安でした。

さらに、**世間一般には結婚して子どもがいることを公表していなかったので、それがどう受け止められるかも気がかり**でした。なかには、子どもを保育園に預けて自分は好きなことをやっていることに対して無責任だと思う人もいるかもしれない。母親になってなおメイドを続けていることに違和感を覚える人もいるかもしれない。その結果、お客様が離れていってしまうかもしれない。もしかしたら公表しない方がよかったんじゃないか、と後悔するかもしれない、と。

しかし**メイドをちゃんと職業として文化として認めてもらうためには、私が身をもって長く続けられることを証明していかなければなりません。**仕事は長く続ければ続けるほど、技が磨かれていくものなのに、残念ながらメイドは若いうちしかできない、長く続けられないという思いを持っている女の子がほとんどなのです。

私は、その固定観念を無くしたい。自分のやりたいことを続けながらも、女性としてやりたいことや夢を同時にしっかり叶えていけるんだよ、という希望を与えたい。『プロフェッショナル』を通じて、そのメッセージがきっと伝わるはず。そんな不安と期待とが入り混じったまま、放映日を迎えました。

反響は想像以上に好意的なものばかりでした。

「『プロフェッショナル』を見て、ｈｉｔｏｍｉさんに会いたくて来ました」と来店してくれるお客様もすごく増えました。いままでメイドカフェに足を運んだことのない人たちが、メイド文化に触れるきっかけとなれたことは純粋に嬉しかったです。

また、もともとはメイドとしてのキャラクターを好きでいてくれるファンがほとんどでしたが、**公表後は仕事も子育ても楽しんでいる一人の女性として好きだと言ってくれるファンも増えました。**

さらに嬉しかったのは、一緒に働いているメイドたちからのメッセージです。

親御さんと番組を観た人が多く、それにより**いままで以上にメイドという仕事に理解を示してくれるようになった**というのです。

「メイドカフェで働いていることは親も知っていましたが、あまり深入りしすぎないようにね、と手放しで応援はしてくれていませんでした。でも、『プロフェッショナル』でhitomiさんを観て、こういう人が先輩としていてくれるなんて素敵だね、あなたも頑張ってねと言ってくれたんです」

親御さんと一緒に来店してくれたメイドもいました。親御さんからは同じ母親という立場で「子育てと両立するにあたって、いろいろたいへんなことがいっぱいあると思いますが、頑張ってくださいね」と励ましの言葉もいただきました。単にメイドという職業や、母親でありながらメイドを続けている私自身のことを受け入れてくれただけでなく、もっと深いところでつながれた、味方になってくれたような感覚がして、すごく温かい気持ちになりました。

その後も採用面接に来てくれた人が「ずっとメイドになりたかったんですが、親に反対されていたんです。けど、録画した『プロフェッショナル』を親に見せたら、あっとほぉーむカフェだったら働いてもいいよって言ってくれたので、今日ここに来たんです」と言ってくれるなど、メイドに対する偏見が少しずつなくなりつつあるなと実感しました。

プライベートをさらけ出すことへの不安、出産後もメイドを続けていることへの多少の後ろめたさはいつしか消え、むしろより一層メイドをしっかりとした職業にするために、文化にしていくために頑張ろうと覚悟が決まりました。

また、**息子がいつか私の仕事を理解できるようになった時に、胸を張って「うちのママはすごいんだよ」って言ってくれたらいいな、という新たな夢**も生まれました。それが実現したら、それ以上の幸せはないなと思っています。

3

「あっとほぉーむカフェ」を守り続ける

2019年末より、新型コロナウイルス（COVID-19）の感染が世界的に広がり、日本では2020年4月に感染拡大を防ぐため緊急事態宣言が発令されました。それに伴い、あっとほぉーむカフェは約2カ月間休業することとなりました。

開店以来、すべてのお店を閉めたのは東日本大震災の時のみでした。秋葉原の事件の際もお店を閉めるという判断はしませんでした。どのような状況でも、「あっとほぉーむカフェ」はみんなにとって楽しい場所であり続けたい、だからこそいつでも帰ってこられるようにお店は開けていたい。そのような思いがあったので、休業せざるを得ない事態に悔しい気持ちでいっぱいでした。

さらに今回は長期にわたって休業、かつ再開の目処が立てにくいなかでの休業判断という経験のまったくないことだったので、どのくらいたいへんなのかも想像がつきませんでした。正直、いままでに感じたことのない不安もありました。

けれど、そんな時だからこそ普段は意識していなかった自分の気持ちに目を向けることができました。失って初めて大切さに気づく、ではないですが、私にとってどれだけあっとほぉーむカフェが大事な場所だったのかを再認識しました。だからこそ、**現状を悲観するのではなく、あっとほぉーむカフェを守るためにいますべきこと、できることは何かをポジティブに考えるようにしました。**

その試みの一つがhitomi部屋の再開です。

hitomi部屋とは、メイドと1対1で向き合って、悩みを聞いたり相談に乗ったりする予約制のミーティングのことで、休業前は本社で開催していました。それをオンラインでやろうと決めたのです。

休業中に感じた不安の一つに、**「メイドたちの心があっとほぉーむカフェから離れてしまうのではないか」**というものがありました。いままでお給仕（接客）を頑張っていたけど、休業期間中に別のことに取り組んでいたら、そっちに興味が湧いて、営業が再開してももう戻ってこないのではないか……。そうならないために私ができることは、直接話をすることだと思いました。

きっとメイドのみんなもいつまで続くかわからない自粛生活に不安を抱えている。メイドとして、ご主人様やお嬢様にお給仕ができないことに悩んでいるはず。**私の役目は、そんな不安や悩みを聞いてあげること。**少しでもポジティブになれるように声をかけてあげること。休業前と変わらない、私がずっとやってきたこと。

いままでのｈｉｔｏｍｉ部屋は担当社員が予約枠を設定し、募集メールを作成し、日程調整してくれていたのですが、それは業務なので休業中におこなってもらうことはできません。そのため、私一人でそれらをおこなう必要がありました。

メールだと仕事感が出てしまうから、メール以外のどのツールで募集するのがいいんだろう？　みんなが参加しやすく、かつ私も無理なく稼働できる時間帯はどこだろう？　と考えながら運用方法を模索しました。

最終的に募集にはツイッターを活用することにしました。ツイッターというオープンな場でｈｉｔｏｍｉ部屋の参加者募集をおこなえば、仕事のような強制力もなく、気軽に応募できるはず。さらに、メイド以外のフォロワーさんにも、あっとほぉーむカフェは休業中もこんな取り組みをしているんだな、メイドさん同士でこんなコミュニケーションを取っているんだな、と興味を持ってもらえるかもしれない。

時間帯は、会議があまり入らず、かつテレワーク中の夫が子どもの面倒を見てくれる午前中に設定しました。メイドさんたちも予定が入っていない人がほとんどで、想像以上に「参加したいです！」という連絡が多く来ました。

こうしてリモートでのｈｉｔｏｍｉ部屋がスタートしました。

実際やってみると「休業になってやることがないので、時間を持て余していました。だからｈｉｔｏｍｉ部屋の再開、すごく嬉しいです！」という声を多くもらい、ほっとしました。また、メイドの気持ちがあっとほぉーむカフェから離れていってしまうかもという当初の不安も杞憂でした。なぜなら、彼女たちは口々に「早くお給仕したいです」と言ってくれたからです。ただ、その思いが「早くお給仕したいのに自粛のせいでできない」というストレスにならないように「いま、時間があるうちに、こういうことやってみたらどうかな」と個々に提案するようにしました。

店舗が閉まっていたとしても、あっとほぉーむカフェを存続させるためにできることはある。

これからも様々な想定外の出来事が起こるかもしれません。けれど、そこで歩みを止めてしまってはメイドが文化になる日は一生来ません。だからこそ、**どんな逆境でも私は私ができることをやり続ける。メイドの仲間と、お客様と向き合い続ける。絶対にあっとほぉーむカフェを守る。**あらためてその思いが強くなりました。

4

バーチャルメイドカフェ構想

2020年夏、私たちはまったく新しいチャレンジをすることになりました。それがバーチャルメイドカフェ「バーチャルあっとほぉーむカフェ」のオープンです。

WEBミーティングツールを使ってリモートで会話する、などという簡易なものではありません。文字通り、ご主人様・お嬢様もメイドも二次元のバーチャルキャラとなって、スマホやPC上で会話を楽しんだり、一緒に写真を撮ったりして遊ぶことができます。実際に店舗に足を運ばずとも、メイドカフェにご帰宅できるようになる、まさにバーチャル空間内にある新しいお屋敷の誕生です。

このプロジェクトは新型コロナウイルスの感染拡大より前から進められていましたが、期せずしてこのタイミングでのリリースとなり、なかなかあっとほぉーむカフェに帰宅できないご主人様・お嬢様にも楽しんでいただけるものになるんじゃないかなと期待しています。

バーチャルあっとほぉーむカフェのコンセプトは三つの既成概念に対するアップデートです。

一つ目は **〝コミュニケーション〟のアップデート。** バーチャルあっとほぉーむカフェでは、ユーザーとメイドそれぞれが、自分の分身となるアバターを通じてコミュニケーションをおこないます。そのため、顔を出す必要がなく、名前や見た目などを自由に決められるので、なりたい自分に変身することができます。みんな理想の自分になってお話したり楽しんだりできたら、コミュニケーションの楽しさがもっと広がるんじゃないか、そう思いませんか？

二つ目は **〝メイドカフェ〟のアップデート。** リアルのメイドカフェのように場所に縛られることなく、二次元のキャラクターとのコミュニケーションが楽しめるこのバーチャルあっとほぉーむカフェは、まさにメイドカフェの新しい形だと思います。これまで私たちは対面のコミュニケーションの楽しさを追求してきましたが、そのノウハウを活かして、二次元のキャラ同士ならではの楽しいコミュニケーションも追求していこうと思っています。そしてそこで得た経験は、きっとリアルのメイドカフェにも活かせるに違いありません。

あっとほぉーむカフェは海外からのお客様もとても多いですが、まだまだ興味があっても来られていない人がたくさんいると思いますし、いまは新型コロナの影響で国内にもそういった方が多いです。そんな方たちにもバーチャルを体験してもらい、またいつもの日常が戻ったらリアルもバーチャルも両方楽しんでもらえる、そんな場所を作りたいと思っています。

そして三つ目は **〝働き方〟のアップデート**。テレワークが普及して、働く場所を選ばない世の中になりつつあると思いますが、バーチャルあっとほぉーむカフェによって、メイドもいつでもどこでも好きな時、好きな場所で働けるようになります。いまは東京と大阪にしかお屋敷がないので、遠い場所に住んでいる人があっとほぉーむカフェのメイドになりたいと思ったら、引っ越さなければいけません。でもバーチャルなら、やる気さえあればどこに住んでいたってお給仕ができちゃうんです。もっと多くの人に、それこそ海外の人にだってメイドのお仕事の楽しみを知ってもらえるかもしれない。こんなにワクワクすることはありません。

もちろん私はメイド服を着て、お屋敷に立ってお給仕するいまのスタイルで、ずっとメイドを続けていきたいと思っています。でも何かふとしたタイミングで、物理的にお給仕することができないということがあるかもしれません。そんな時でも、バーチャルあっとほぉーむカフェならお給仕を続けられる。声だけで、しかも在宅で可能です。メイドの可能性がまたさらに広がったと実感していますし、メイドがそう思えるものを作っていきたいと思っています。

私たちが作ろうとしているバーチャルあっとほぉーむカフェはまだまだ発展途上です。その他の人気ゲームだけでなく、リアルのメイドカフェの楽しさにも追いつけない部分があるかもしれないと思います。しかしもっと良いものにして、多くの人に楽しんでいただけるサービスにすることがきっと、「メイドを文化にしていくこと」につながっていくと信じています。

おわりに

息子が「ママはメイドだよ！」と胸を張って言えるような世界を

あっとほぉーむカフェで働いているメイドの多くは、「いま」はメイドの仕事に夢中だけれど、一生メイドをやるわけにはいかないという、どこかで期限を設けるような思いを持っています。メイドをやりながら専門学校に通ったり、資格の勉強をはじめたり、一般企業への就職活動をしたりしています。もちろんメイド以外に叶えたい夢や就きたい職業があれば応援するのですが、メイドは一生続ける仕事ではないと思われているのはやはり淋しさを感じます。そんななかでも、できる限りずっとメイドを続けたいと長く働いてくれている子もいますが、業界にロールモデルがいないため、不安はぬぐえないと思います。だからこそ私が道筋を示していかなければと思っています。

じつは子どもの頃から20歳で結婚して、夫との生活を楽しみながらいつか子どもを授かることができたらいいな、という漠然とした夢を持っていました。

けれど、10代後半であっとほぉーむカフェに出会って、気づいたら15年以上プライベートよりも仕事に集中してきました。そのなかで「メイドを文化にする」という叶えたい夢を見つけることもできました。

それはすごくありがたいことですし、これからもその夢を叶えるために努力していくつもりではありますが、志賀瞳の人生を考えた時にむかしからの夢も諦めたくないないなと思うようになりました。

そんな時たまたま福原愛さんの結婚会見をテレビで見ました。福原さんと言えば、幼少期より天才卓球少女として活躍していて、アテネ以降オリンピック4大会連続出場、ロンドンオリンピックでは日本卓球界史上初のメダル獲得など次々と結果を出してきたトップアスリートです。

そんな彼女が会見でこんなことを話していました。

「女性アスリートとして、結婚をしてプレーを続けるという人はなかなかいませんでした。小さい頃から、女性アスリートというのは、どこかで夢を諦めなければいけないというか、家庭に入ることでいままでの活動が制限されてしまうんだなと思ってる部分がありました。けれど、これから先、私が頑張ることで、後輩たちが、福原さんは結婚しても卓球をしている、という新しい道を切り開くことができたらいいなと思っています。後輩たちの今後の、次の道に進む時の参考になるような選手になれたらいいなと思っています。私は24年間卓球を続けてきて、卓球という軸はもうしっかりとできていると思うんです。ただ、結婚をしたことによって新たに生まれた家庭や夫婦のあり方といった軸はまだ私たちのなかではまったくできていません。まずはその軸をしっかり固めてから、また卓球という軸に戻りたいなと思っています」

これを聞いた時、涙が止まりませんでした。

私はアスリートとメイドは「選手生命」がある点で同じだと思っています。若くて体力があるうちは現役プレイヤーとしてやっていけるけれど、年齢を重ねてもなお第一線で活躍したり、一度現役を退いてからまた戻って継続したりすることは難しい。特に女性は結婚して出産したら現役プレイヤーではいられなくなる、プレイヤーとしての夢を諦めなければならないのではないかと思っていました。「結婚・出産」=「引退」だと考えていたのです。

福原さんの言葉を聞いて、私が理想としている形はまさにこれだと気がついたのです。プレイヤーとしての夢も、女性としての夢も、どちらも諦めなくていいんだと。それにすごく勇気をもらって、結婚や出産に前向きになれました。

あとから考えてみたら、「メイドの結婚や出産=引退」というのは偏見です。そう決めつけていたのは他の誰でもない自分だったので、このままじゃ駄目だなとも思いました。そして私は偏見にこそ興味を持つタイプだったなと思い出し、じゃあやってみよう、メイドの新しい道を切り開いていこうと思えたのです。

とはいえ、そこから結婚や妊娠、出産を公表することはなかなか決断できませんでした。

正直言うと、怖かったのです。会社の人にも産休にいつから入るかということがなかなか言い出せず、誰にも怪しまれずにお休みできる理由はないかと、必死に探してしまったのです。不謹慎ではありますが、けがで入院したということにはできないだろうか、なんてことも頭をよぎりました。いま思うと完全に血迷っているんですが、当時は真剣でした。ただ、その嘘で、大切なメイドたちやお客様を不安にさせてしまう方が失礼だと気がつきました。

私はメイドカフェを文化にしたいと思っています。文化にするために必要なのは、たくさんの人にメイドカフェやメイドの良さを知ってもらうことです。そして、文化以前にメイドをちゃんとした職業にしたいという思いがありました。

私が結婚・出産を公表することで、これからメイドになりたい人や、いま現役メイドでこれからも長く続けていきたいと思っている人に対して新しいキャリアビジョンを見せることができる。だから他の誰でもない私が公表することに意義があると思いました。

ただ一つ、懸念していたのはメイドの世界観が崩れてしまうのではないかということです。世界観は何よりも大切なものです。あっとほぉーむカフェがいままで作り上げてきたものを、私が崩すようなことをしてしまうのが、すごく怖かったのです。

けれど私がhitomiとしてしっかりいままでと変わらずお給仕を続けることができれば、メイドの世界観を崩さずにやっていけると思えました。すべては公表後の私の言動にかかっているんだと、腹をくくったのです。

公表後、メイドや常連さんを含め周囲の反応は好意的なものが多く、ほっとしました。もちろん「永遠の17歳って言っていたのに、結局人妻だったのか」「将来、自分の親がメイドなんて子どもがどう思うんだ?」といったようなネガティブな意見も耳にします。

それについて反論するつもりはありません。それよりも大事なのはこれからの自分がどんな姿を見せるかです。公表した以上、もう後戻りはできないし、「やっぱり両立は無理だったね」とは、なりたくありません。

私は誰よりもメイドという仕事に誇りを持っているし、本気でメイドを文化にしていきたい。そのためには私が身をもってメイドは仕事として長く続けられることを証明し続けるしかないんです。いつか息子が「うちのママはメイドだよ！」と胸を張って言えるような世界を、私が作る。

その覚悟を持って、また次の10年を歩んでいきたい。そう思っています。

２０２０年9月

志賀瞳

志賀 瞳　しが・ひとみ

インフィニア株式会社 CBO
「あっとほぉーむカフェ」レジェンドメイド

2004年に現在インフィニア株式会社が経営する「あっとほぉーむカフェ」のメイドとして入社。以降カリスマメイドとして数々のメディアに出演。2005年「萌え〜」で所属音楽ユニット「完全メイド宣言」が流行語大賞トップテンを受賞。その後、同店のメイドを束ねるリーダーに抜擢。2012年にはインフィニア株式会社の取締役社長に就任。同社の働きやすい環境作りに尽力。以降、国内大学や海外にてメイド文化を発信する特別講義を実施。2017年にはKADOKAWAより書籍『たった7坪のテーマパーク』を出版。2018年取締役社長を退任し、現職に就く。2019年6月にNHK『プロフェッショナル〜仕事の流儀〜』に出演し、結婚や出産を公表。メイド歴16年。メイドの代名詞的存在として秋葉原観光親善大使も務める。公式HPはhttps://shiga-hitomi.com/

叶《かな》えたい夢《ゆめ》の見《み》つけ方《かた》

2020年10月5日　初版第一刷発行

著者	志賀 瞳
発行者	伊藤良則
発行所	株式会社 春陽堂書店 〒104-0061 東京都中央区銀座3-10-9 KEC銀座ビル9F 電話　03-6264-0855（代表） https://www.shunyodo.co.jp
装丁	平岡和之（ビーワークス）
ブックライター	篠原舞
校正	鷗来堂
印刷・製本	シナノパブリッシングプレス
取材協力	インフィニア株式会社
編集協力	柴田佐世子
編集担当	浦山優太

本書へのご感想は、
contact@shunyodo.co.jpにお寄せください。

ISBN978-4-394-99003-1　C0095